精神科医が教える

ずぼら老後のお金のやりくり術

保坂 隆
医師

きずな出版

まえがき

老後は「やりくり上手」

60歳を過ぎると、同窓会や同郷会などが盛んに開かれるようになります。久しぶりに会う仲間とは「今、何しているの？」といった問答が飛び交い、まさしく〝人生いろいろ〟で、それぞれの生き方にしばし話が大盛り上がり。でも、気がつくと、話題は「年金や老後の暮らし」に落ち着いていて、「来年から年金暮らしなんだ。さびしいものだね」とか「年金だと、『この先何かあったら』と不安だよな」という声があちこちから聞こえてきます。

さまざまな調査では、日本では実に90％近い人が「老後が不安」と答えています。とくに心配なのは「お金」。誰でも、老後のお金については不安でいっぱいです。これが日本の現実と言えるのかもしれません。

老後は、たいてい年金頼りの生活になります。

さまざまな調査をみると、いまは平均して現役時代の収入の60％強が支給されているそうです。「6割になってしまうのか……」と気を落とす人もいるかもしれません。でも、所得が低くなると税率も低くなるので、手元に残るお金はそれほど落ち込むわけではありません。

もちろん、それぞれの事情により、年金にも違いがあるでしょう。また、老後は病気になりやすいし、要介護になって老人ホームに入ることになったらどうしよう、などと不安の種は山ほどですね。

しかし、どれほど不安だったとしても、収入が減る老後にできることはひとつしかありません。やりくりして〝手元にあるお金〟の範囲内で暮らすこと。

そう、**老後の生活では〝やりくり〟が大事な暮らしの知恵になる**のです。

この先、減るのは収入だけではありません。記憶力や体力、さらには物事を感じる力なども少しずつ下がってきます。これも抗《あらが》えない現実です。これからは、それら徐々にダウンしてくるものを上手にやりくりして乗り切っていく段階に足を踏み入れ、進んでいくことを覚悟して生きていかなければいけないのです。

◆やりくりは知恵とセンス

「老後は、さまざまな面でやりくりが求められる」と言うと、「だから憂鬱なんだ」とか「長生きしてもろくなことはない」などと、うなだれる人も少なくないでしょう。

それなら、贅肉《ぜいにく》のついた体を思い浮かべてみてください。ダイエットに成功してすっきりスリムになると、気持ちまで若々しくなり、生き方も変わってくる人がいますね。**老後に向けてのやりくりは、言うならば「暮らしのダイエット」です。**

長い間には、誰もが知らず知らずのうちに、いろんなムダをため込んでいて、日々の暮らしや人間関係についても、不要なこだわりなどムダがいっぱいです。それらを整理し、ムダを切り捨てていくと贅肉が取れて、シンプルでシック、そして素敵な暮らしが見えてくるのではないでしょうか。

老後は、たしかに収入は減るかもしれません。でも、仕事の責任や子育てなど、これまで背負ってきた荷物は軽くなるはず。いえ、ほとんどゼロになります。

そのうえ、うれしいことに、自由な時間がたっぷり手に入るのです。「時間貴族」という言葉もあるくらいで、好きなように使える時間がふんだんにある喜びは何にも代えがたいと言ってもいいくらいです。

もちろん、人生は平坦な道ばかりではなく、この先も、病気や家族の介護など、けわしい状況に立つこともあるでしょう。でも、これまでもさまざまな困難がありましたね。それらをしっかり乗り越えてきたわけですから、もっと自信を持ちましょう。

その都度、蓄えてきた人生経験は、どんな困難も必ず解決の道があることを教えてくれるはずです。

「我々は若いとき学び、年をとってから理解する」（ドイツの音楽家・エッシェンバッハ）という言葉があります。老後は、これまでの人生のさまざまな体験の真の意味をしっかり理解し、それを熟成させていく時間です。お酒ならばヴィンテージ、熟成したまろやかさをゆったり味わう、人生の黄金期であるはずです。

本書は、お金のやりくりを中心に、体力、気力、感覚や感情などの微妙な衰えも上手にやりくりして、老後の日々をこれまで以上に幸せに生きていくための考え方やちょっとした知恵、スキルなどをまとめたものです。

身のまわりの小さなアイディアや暮らし方のヒント、発想の切り替え方、シニアライフを充実させるさまざまな情報など、できるだけ幅広く集めましたので、どなたにも役立てていただける一冊になっているはずです。

この本で日々の暮らしを楽しみながら、上手にやりくりする姿勢を身につけて、これからの人生をいっそう味わい深く、感動あるものにしてください。

まだまだ長いこの先の道を、心豊かに、楽しみながら進んでいっていただくための一助になれば、私にとってもこれ以上の喜びはありません。

保坂　隆

◆目次◆

第2章　不安から解放されるお金のやりくり術

不安の塊になっていてもラチはあかない
明るいほうから見るクセをつける
不幸でもない人を不幸にする不安
明るい目的を持った、やりくりは楽しい
「なければないように」が聡明な暮らし方
「日本のシニアは贅沢だ」と言われて
反論できますか
1週間単位で生活費をやりくりする
お金を増やそうとするからヤケドする
シニアを狙う詐欺も進化している
「お金を使わず習い事」のカギは区民センター
今すぐ始められる〝教えあいっこ〟
区や市の保養所を積極的に利用する

第3章 目指すは颯爽《さっそう》とスマートなシニア！ 107

第6章　簡素な暮らし、心地よい生き方

心楽しませながら、ゆっくり下山していく
自然と共に生きる姿勢を取り戻そう
老後の日々は一日一日をこのうえなく大切に
終活は残される人々への心遣いの一つ
墓じまいをするなら自分が元気なうちに
お金をかけない、自由な葬儀に
遺骨の保管も新しい発想が生まれている
一日一日を思い切り楽しみたい

編集協力／幸運社
ＤＴＰ／今井明子

精神科医が教える ずぼら老後のお金のやりくり術

第1章

老後の節約、やりくりは素敵だ！

シニアは節約が最も得意です

最近、日本を訪れる外国人旅行者が急増していますが、同時に、海外に出かける日本人も驚くほど増えています。ある調査によると、50歳以上では65%前後が海外旅行経験者だそうです。

私も学会などでときどき海外に出かけますが、最近、日本の旅行者の行動パターンが大きく変わってきたと感じます。以前は、どこに行っても買い物三昧。ブランド品や免税のお酒など、ショッピングバッグをいくつも下げた旅行者が多かったのですが、最近はこんな姿はほとんど見なくなりました。

懐《ふところ》がさびしくなってきたからではなく、私は、日本人、とくにシニアたちが聡明になってきたからだと思っています。

60～70代など、現在のシニアたちは第二次世界大戦後に幼少時を送った世代です。戦後のモノのない時代の厳しい暮らしを記憶の底に潜《ひそ》めています。団塊世代より少し後に生まれ育った私も、幼い頃の節約生活はしっかり覚えています。子どもの頃はエンピツ１本も、ちびるまで使っていたもの。筆箱には短くなったエンピツの長さを足すホルダーが入っていたくらいです。

私の親たちは戦時中の極端な物資不足を生き抜いてきた世代なので、ものは使い尽くすのが当然という生活習慣を身につけていました。卵の殻は植木の根元に伏せて栄養分にする。包装紙はきれいに伸ばしてとっておき、本のカバーなどに使う。机の上の筆立ては空きビンや空きカン。クッキーの空きカンも書類や手紙入れなどに再利用されていました。

「そうそう、そう言えば」と親たちの暮らしを懐かしく思い出しませんか。

現在のシニア層は、子ども時代に親たちのそうした節約ぶりを見ており、原体験として引き継いでいる世代ですから、やりくりは最も得意のはずです。

「モッタイナイ」の心

私のクリニックにときどき来てくれる女性の患者さんがいます。今年77歳で喜寿を迎えますが、最近思い立って、英語のレッスンを始めたそうです。ネイティブの英国人男性に個人的にレッスンを受けているので、お礼はそのつど支払うことになっているとか。毎回、レッスン代を封筒に入れて手渡すと、先生は次回、空の封筒を必ず返してくれます。

彼女が「100円ショップで買ったものですから、どうぞ捨ててください」と言ったところ、先生の口から出た言葉は「モッタイナイ」。

たしかに一度しか使っていない封筒はまだきれいで、あと二度でも三度でも使えそうです。幼い頃、さんざん「もったいない」という言葉を使ってきたはずの彼女も、今ではその精神をすっかり忘れてしまい、「使い捨てが当たり前になっていました。『もったいない』は耳に痛く響きました」と言います。

この英国人は本職が大学の先生です。言うまでもなく、貧しいから封筒を再利用しようと考えているわけではありません。「使えるものはとことん使う」習慣が自然に身についているのでしょう。

「モッタイナイ」という言葉を世界に広げたのはケニアのワンガリ・マータイさんです。ナイロビ大学教授からケニアの国会議員になり、環境保護運動に全力を注いだその活動が高く評価され、２００４年にノーベル平和賞を受賞しています。

２００５年、マータイさんは小泉首相（当時）と話す機会があり、このとき、「モッタイナイ」という言葉と出合いました。そして、この言葉こそ、彼女が進めてきた環境問題に取り組む姿勢にぴったりだと感激し、世界に広めていったのです。

「もったいない」は、漢字では「勿体無い」と書きます。「勿体」とは仏教用語の「物体」で、物の本来あるべき姿を意味します。「もったいない」は、その本来の姿がなくなるのを惜しむ言葉で、散る花びらや吐く息にさえ宿る命を惜しみ、嘆く気持ちが込められていることを形容する言葉です。

昭和の「3R生活」とは？

マータイさんが主張した合言葉が「3R」。3Rとは、リデュース・リユース・リサイクルの3つです。

1. リデュース（Reduce）＝できるだけ減らすこと。ゴミなどを減らす。持っているものを減らすなど。
2. リユース（Reuse）＝使ったものでも何度も使う。用途を変えてでも使う知恵を持つこと。
3. リサイクル（Recycle）＝使い終わったものをもう一度、役立てること。

「リデュース・リユース・リサイクル」と言うと、最近、生まれた発想だと思う人もいるかもしれません。でも、**日本はもともと、徹底的なリデュース・リユース・リサイクル社会**でした。

とくに江戸時代は完全な循環社会で、ロウソクを使ったときに流れるロウのしずくを買い集める「ロウソクの流れ買い」や、かまどの灰を買っていく「灰買い」まであったそうです。灰は農業用の肥料や土質改良用に使われたり、紙すきや絹作りのときなどに使われたので、ちゃんと商売になったのです。

着物や服も徹底的に使いまわしていました。江戸時代はもちろん、昭和の中頃までは、兄弟姉妹は上の者のお下がりを着るのが当たり前。着物が古くなると布団地《ふとんじ》などにし、古い浴衣《ゆかた》は寝間着にして、もっと古くなるとおむつや雑巾に。ついにぼろぼろになると乾かして燃やして燃料として使うなど、最後の最後まで使い尽くしたものです。

私も、祖母がよく着物をほどいたり、縫い直したりしていたことを覚えています。

そういえば、私が幼い頃は、子どものセーターはたいてい縞柄《しまがら》でした。成長してセーターが小さくなると、別のセーターと合体させて編み直していたからです。縞柄セーターはリユースの証だったのですね。

今では、いらなくなれば何でも片端から捨ててしまいます。それだけ豊かな時代になったとも言えますが、豊かさと引き換えに、モノをとことん使い尽くしていた時代の、手をかけ、気持ちを込めていた暮らしへの心づかいを失ってしまったとも言えるでしょう。

今のそうした暮らし方は、喜ばしいというより、少しさびしいと感じませんか。

昭和の暮らしの知恵に学ぶ

古民家《こみんか》レストラン、古民家カフェなど、古民家ブームが続いています。古民家とは、大正、昭和などに建てられた古い民家。空襲などを乗り越えて今も残る古民家を改造したレストランやカフェは、差し込む陽までちょっとレトロっぽく見え、心にやさしく映るのでしょう。

私は戦前・戦中の暮らしは本や映像で知るだけの世代です。それでも古民家カフェに行くと、日本人らしい生活の原点はここにあると思えてきて、心を揺り動かされるような感動を覚えます。

戦前の日本人の暮らしは現代のような先端的で便利なものではありませんが、落ち着きがあり、奥ゆかしく、襟《えり》を正すような品性さえ感じられるものでした。

たとえば朝の食卓の光景です。ご飯は七分《しちぶ》づきの米か麦ご飯。納豆に目刺しやあじの干物、つけもの、みそ汁といったところ。夕食も似たような献立ですが、目刺しの代わりに煮魚や野菜の煮物、ごちそうの日には肉料理が出されたりもしました。

質素でありながら、ちゃんとカロリーや栄養バランスは合格の献立です。うれしいのは、どれもお母さんの手作りだったことでしょう。野菜の切れ端からスイカの皮までヌカ床に漬け込み、だしを取ったコンブはためておいて佃煮にする。使ったカツオブシもカラカラに炒って味付けし、ゴマなどを混ぜてふりかけにするという具合で、ほとんどモノを捨てない暮らしが営まれていたのです。

家の中も質素なものでした。座布団を出せば客間になり、ちゃぶ台を片付け、布団を敷けば寝室になるといった具合で、狭さはあまり気にならなかったようです。

映画やテレビドラマなどでこうした暮らしを目にすると、物質的にはけっして豊かとは言えないその時代の、つつましくも力強い庶民の暮らしの知恵に圧倒されそうになります。

便利で合理的な現代の暮らしのよさを否定するつもりはありません。でも、便利さと引き換えに、つい昨日までの**日本人の暮らしを貫いていた、モノを慈《いつく》しみ、家族であることをとことん大事にする精神**を失ってはならないと思います。

現在のシニアは、そうした知恵や心映えを後に伝えていくことができる最後の世代ではないでしょうか。そう思うと、「シニアにはシニアの役割があるのだな」と心が引き締まり、心地よい緊張感がよみがえってきます。

「シンプル・イズ・ベスト」

雑誌などで見かける最近のインテリアは、リビングルームに大きめのテーブルとソファが置かれている程度。シニア世代には少し物足りないと感じられるくらいシンプルです。

色も単色でまとめられていることが多く、そのシンプルさがシックでモダンな雰囲気をかもし出しています。

少し前の世代のインテリアは、テーブルやソファにはレースやゴブラン織りなどのカバーをかけ、サイドボードの上には人形や旅先で買った小物などが並べられていたものです。

花の飾り方を見ても、以前は多彩な彩《いろどり》の花々を取り合わせ、豪華に飾っていましたが、最近はシンプルな花器に白いユリならユリだけがすっと挿してある、といった飾り方が主流になってきています。

「シンプル・イズ・ベスト」という考えは、いまや時代の先端をいく美意識なのですね。

シンプルな演出のためには、必要最小限度のモノを置くのが原則と考えましょう。

そうした視点から我が家のリビングを見回してみましょう。シンプルにまとめようとすると、「これもいらない」「あれもいらない」と余分なものが次々と目に留まりませんか。

引き算の美学で心を洗う

「引き算の美学」という言葉を耳にしたことがある人も少なくないと思います。

今あるものに何かを足すのではなく、今あるものから一つひとつ差し引いていく。その結果、本当に好きなもの、本当にしたいことだけが見えてくる。そんな生き方を指す言葉です。

もともと日本人は、よけいなものをそぎ落としていき、究極的にはごくごくわずか、時には一点に集約したものを愛《め》でる文化を大切にしてきた民族です。現在のように、「あれが欲しい」「これが欲しい」と欲望をかぎりなく膨張させる生き方になってしまったのは、バブル経済に踊らされた頃からでしょう。

今、家にあふれているのは、こうした行動の結果、増え続けてきたモノです。

気が向いたら、古都の名刹《めいさつ》を訪ねてみませんか。そこには、必要なもの以外は何も置かないという「引き算の美学」を貫いた場所が多くあります。

京都の龍安寺《りょうあんじ》は、白砂と石だけで宇宙を表現していることで有名です。ほかにも、たとえば大徳寺《だいとくじ》の塔頭の一つ、大仙院《だいせんいん》には緑の枯山水《かれさんすい》と言われる庭があり、とくに西側の庭園は白砂敷の上に数個の石と一本の樹だけで構成され、簡素の極みと言いたい造りになっています。

こうした「引き算の美学」の粋とも言える庭などを鑑賞するうちに、いらないものはすべてそぎ取った、日本古来の究極の美の感覚がよみがえってくるのではないでしょうか。

定年後、お茶を始めたMさんは、お稽古に通ううちに、小さな軸と一輪の花を挿してあるだけの茶室の凛《りん》としたたたずまいに魅了されて、その対極のような自分の家のあり様が気になってきたそうです。

夫婦で旅行好きだったMさんの家の中は玄関にもリビングにも、北海道の熊の置物、九州で買ったサンゴの置物など、これまで旅した各地のモノが所狭しと飾られています。どれも一つひとつ見れば立派なものなのですが、こうたくさんあると百家争鳴《ひゃっかそうめい》。ゴチャゴチャで、かえって見苦しいだけだと気づいたのです。

そこである日、一大決心をして、それらを納戸《なんど》に片付けたところ、家の中にさわやかな風が吹き込んできたような、清々しさが漂うようになったとか。

引き算の美学には、心のあり様まですっきり整える効用があると言えそうです。

「断捨離」は次世代への心づかい

最近は有名人の「断捨離《だんしゃり》」がよく話題にのぼります。週刊誌報道によれば、あの松田聖子さんまで、お母さんとの同居をきっかけに、家の中の整理を始めたとか。

ほかにも高橋英樹さんや故橋田壽賀子さんなども実践者です。この方々が異口同音に、「断捨離、片付けは後の世代に対する心づかい、シニアのマナー」だと言っていることは、注目の価値があると思います。

シニア世代に振りかかってくるやっかいなことの一つに「実家片付け」があります。年老いた両親がゴミ屋敷同然のところに住んでいて、それを片付ける。あるいは、両親が亡くなった後、実家を片付けることになるのです。

いずれにしても、長い間ため込んだものの整理、処分は覚悟以上に大変で、片付けをめぐって、いい年をした兄弟姉妹の仲が壊れてしまうことも珍しくないと聞きます。

高橋英樹さんは、娘の真麻《まあさ》さんから「もうトシなんだから片付けておいてね」と言われて、一念発起。スーツ１０００着、ネクタイ６００本など計33トンを断捨離。その後のガラーンとして、もぬけの殻状態の自宅をテレビで公開されていましたが、よくもここまで思い切ったもの、さすがにあっぱれだと思ったほどです。

脚本家の故橋田壽賀子さんも、親しい泉ピン子さんから、「ある年齢になったら、後始末する人のことを考えて断捨離するのは人としてのマナーよ」と言われて思い立ったとか。ピン子さんも橋田さんも数々の表彰を受け、何十本ものトロフィーや盾があったそうですが、「こういうものほど他人は処分できないもの」と、いっさい廃棄したといいます。

自分の人生は自分自身できれいに締めくくりたいもの。誰の身にも、死はいつか襲いかかってきます。しかし、それがいつかは誰にも予測できません。今の状態のままで、「立つ鳥跡を濁さず」と言い切れるでしょうか。ゴミ屋敷に近い状態で旅立つのは、人として恥ずかしいと思いませんか。

遅くとも定年を迎える年代になったら、体力と判断力のある間に家の整理を始め、後の世代に迷惑をかけないようにしておくことは人としての責任、マナーだという認識を持ちたいものです。

捨てられない服と「思い出ショー」

耳が痛いと思いながら、「でも、私は捨てられないタチ」と言っている人も少なくないでしょう。さまざまな調査でも、老後、捨てられないものの一番は「洋服や着物などの衣類」という回答が定番です。

人生とモノは密接に結びついています。とくに服は、見ただけで、それを着たときの思い出が重なり合っていて、もう着ないとわかっていても捨てる気にならないもの。服自体がこれまでの人生そのものと言いたい存在になっているのですね。

そうした思いを汲《く》み、それならば「大事な服ときちんとお別れできる儀式を用意してあげればいいのではないか」と企画されたイベントが「思い出ファッションショー」です。

主催は日本社会事業大学たんぽぽと株式会社御用聞き。「たんぽぽ」は、他大学との交流やイベントなどをメインに多彩な活動を展開している学生たちの集まりです。「御用聞き」は、首都圏の団地を中心に高齢者のちょっとした困り事を「100円家事代行」サービスでサポートしているソーシャルベンチャーです。

「御用聞き」の活動を通じて、片付けられない服は単なるゴミではなく、過去の思い出が込められている大切なものだと知り、このファッションショーを開くことにしたのだとか。

参加者はネットなどを通じて募集します。当日、ステージに立った人のなかには、たとえば、若い頃、歌を習っていたときのドレスを着て登場した人、縫子《ぬいこ》として働いていた頃にお気に入りだったスーツをリメイクして着てきた人もいました。さらには、ずっとタンスにしまっていた亡くなった奥さんの留め袖を学生に着てもらい、心残りなく別れを告げた人もいて、服も思い出も多種多様。

後日、「長年しまい込んだまま、どうしても捨てられなかった服を、晴れがましいあの日の経験を機に気持ちよく処分できた」と、うれしい報告が届いたそうです。

このアイディアを自分流にアレンジして、仲良しだった昔の友だちに「みんなで思い出の服を着て集まらない？」と呼びかけ、ミニ思い出ファッションショーを開くのはいかがでしょう。

「ああ、あのとき、たしかにあなた、これ着ていたわ」とか「初めてのお給料で買ったと言って、自慢そうに着て来たのよね」などと、話も大いに盛り上がるかもしれません。

その後ならば、**愛着のある服とも気持ちよく別れることができる**のではないでしょうか。

断捨離は心まで清々しくさせる

広く知られているように、断捨離はヨガの行法である「断行」「捨行」「離行」をもとにしたもので、

断行＝入ってくるいらないものを断つ

捨行＝いらないものを捨てる

離行＝モノへの執着から離れる

という3つのことを通して、身軽で快適な生活を手に入れることを言います。

ところが、「断捨離」という言葉が流行語大賞に選ばれるなどしたため、言葉だけが独り歩きしていってしまった感があります。今では多くの人が、

いらないものを捨てて身辺をすっきりさせ、少ないモノで暮らすライフスタイルのことだと思い込んでいるようです。

しかし、実際はむしろ真逆。断捨離とは、自分にとって本当に大切なものを選んでいくことです。

以前、断捨離を実行した池畑慎之介（ピーター）さんは、４軒持っていた家を１軒にし、同時に手持ちのものも大胆に捨ててしまった結果、逆に「心がのびやかに、豊かになった」と語っています。

大量に持っていたものから本当に必要なものだけを選んでいく。その結果、残った少ないものは、選びに選んで選び抜いたもの。必然的に、自分にとって本当に大事なもの、心の底から好きなものに絞られます。

そうしたものに囲まれた暮らしほど快適なものはないでしょう。

私も数年前、長年勤務してきた病院を退職するとき、改めて身のまわりを大片付けした経験があります。自分でも呆れるほど大量のものが次から次へと出てくる。エンドレスと言いたくなるほど出てきたのには驚きました。

この際とばかり思いきって整理した結果、身辺がすっきりし、これから踏み出す人生に新たな意欲が込み上げてきたものでした。ため込んできたものを手放すと、心の余裕が生まれるのですね。

断捨離を経て、新たなシニアライフの扉が開かれたわけです。

ムダが占めるスペース代こそムダ

引っ越しの経験者なら、荷物を運び出したとき、それまでの住まいが驚くほど広かったと見直したことを思い出しませんか。ところが、十分広さをチェックしたはずの新居も、荷物を運び込むと一気に狭くなってしまう。

この山のような所有品のために、バカにならない家賃やローンを支払っていると思うと、ちょっとばかばかしくなりませんか。

荷物を大幅に整理して、部屋のスペースをより広く使う工夫をすれば、今までと同じ家だとは思えないくらい快適な空間に変えられるものです。

やりくりというと、「できるだけお金を使わないように節約すること」と思い込んでいませんか。実際は、**スペースの最大活用など、同じお金をより**

有効に活かすように工夫することも、立派に節約のうちに入ります。

家賃や住宅ローンは毎月、最大級の出費です。持ち物を大胆に整理して仮に半分に減らせば、有効に使えるスペースは単純計算で倍になります。同じ家賃で、それまでの2倍の広さのところに住めるようになったとも言えるわけです。かなりトクではありませんか。

今は使っていない。あるいは、当分使う予定はないけれど、そのうち使うかもしれないというものは、今すぐ処分すること！

「いつか」と「そのうち」はまず訪れることはありません。まして、シニアの年代では、この先、人生の持ち時間は減っていく一方なのです。

人生、いつでもいちばん大事なのは今、このとき。今の自分にとって必要なもの、大切なものだけを選び、広々としたスペースを楽しむ。そんな生き方を始めませんか。

シニアこそ「すぐやる精神」を大切に

「私も前々から片付けようと思っているのだけど……」

こういう人で実際に片付けた人はいないと断言してもいいくらいです。

ある知人は、リタイアを機会に家のリフォームをすると言ったものの、すでに3年が経過。まだリフォームした様子はありません。数社から見積もりを取るなどして、リフォームする気持ちにウソはないのですが、その前にリフォームする場所の片付けという大仕事が待っています。それをなかなかクリアできないのですね。

年をとると、誰でもフットワークが衰えてきて、やろうと決意しても、実行までに時差ができてしまいがちです。

それを見込んで、整理や片付けは、やろうと思ったらその日のうちに何か一つは手をつけるというくらい、すぐに始めるようにしましょう。手をつければ意外にはまって、次は棚を、その次はクローゼットをと弾みがついていくものです。

ただし、のめり込みすぎないこと。ランニングハイという言葉がありますが、片付けにもそれと同様に、歯止めを忘れて突き進んでしまうことが起こり得るのです。

よくあるのが、ちょっと片付けようと手をつけたところ、すっかりはまってしまい、がんがん進めていったのはよいのですが、案の定、途中で疲れてしまって、中途半端な状態でやめてしまうといったケース。その結果、あっちも片付け途中、こっちも片付け途中と、部屋中混乱しただけになってしまうのです。

もう若くはなく、体力も気力も下がってきていることをわきまえて、一気

に家中を片付けようなどと気負いすぎないことです。まず、普段よく使う引き出しなどから片付け始めるとよいでしょう。

すっきりきれいに片付くと、誰でもずっとその状態を保ちたくなり、自然に「これからはモノを増やさないように、自分をコントロールしていこう」と思うもの。そうして、選び抜いた数少ないものだけで、ていねいに暮らしていこうという姿勢が自然に身についていくのです。

シンプルは流行を超越する

「あれ、また買い替えたんですか?」

クリニックに出入りしている製薬メーカーの営業マンが見慣れないスマホをいじっています。

日本人は本当に新しもの好きで、電気製品などでも壊れる前に新しい機種やデザインのものに買い替える人が多いのでは、と言いたいほどです。

この傾向はシニアにもよく見かけます。今のシニアは日本経済の絶頂期を経験してきた世代です。ちょっと目新しいものが発売されると、今、使っているものが故障もしていないのに、すぐに新しいものに買い替える。そんな人が少なくないのです。

でも、シニアになると一般に、現役時代より収入がダウンすることを忘れてはいけません。ちょっと目先が変わったくらいで新しいものに買い替えるのは、もうやめましょう。

スマホも電気製品も機能が大きく変わるのは何年かに一度です。次々発売される新製品はほとんどの場合、デザインがちょっと変わった程度。大枚はたいて買ってみたところ、中身、つまり機能はほとんど変わっておらず、期待外れだったという経験を思い出してください。

最近、北欧のデザインが世界的に人気を博しています。

スウェーデンのイケア、デンマークのダンスク、フィンランドのイッタラなど、北欧のデザインは、どのブランドもシンプルで飽きのこないデザインで統一されています。

北欧でこうしたデザインが発達したのは、北欧の人々のライフスタイルが大きく関係しているそうです。ヨーロッパ人、とりわけ北欧の人々は何でもとことん大事にする暮らしを守ってきており、次々と新しいものを取っかえ引っかえするような暮らし方は「教養や品性に欠ける」として好みません。

そうした気質を踏まえて、家具やインテリアグッズ、食器なども長く使っても飽きがこないことを前提にデザインされているのです。

その結果、シンプルなものが最高のデザインだという価値観が確立され、シンプルなものこそ最高だという風潮になっていったのでしょう。

飽きのこないシンプルなものは短期的な流行サイクルとは無縁のものとして愛され続け、そこに人生の思い出が重ねられ、やがて、まるで自分の人生の一部のような確かな存在感を放つようになっていきます。

このような北欧風の考え方、生き方はいかがでしょうか。日本人もこれからは、シンプル第一主義でいきませんか。

「シンプル・イズ・ベスト」はまさに至言です。

やりくりは一種の脳トレ

少し前に『フランス人は10着しか服を持たない』という本が話題になりました。

この本がこれほど受け入れられた背景には、日本人の心の中にも、少ないものでおしゃれに暮らしたいという気持ちがあることが見え隠れしています。

パリに行ったのは少し前のことになりますが、街行く女性たちは、何気ない服装でありながら、どこか一味違う、自分らしいスパイスを加えたおしゃれを楽しんでいて、私のような旅行者の目まで楽しませてくれました。

この本で思い出すのは、数年前、仏教の勉強会で知り合った一人の女性です。年の頃は70代前半というところでしょうか。

彼女はたいてい無地のシンプルな服を着て登場しますが、どこかに必ず、サプライズ・アクセントをつけているのです。あるときには、お酉《とり》さまの小さな熊手をブローチ代わりにつけていたので、みんなで大喝采。和服に使う帯留めを輪にして軽くねじった首飾りも大好評でした。

やりくりとはケチケチ倹約することではなく、あるものを最大限生かす工夫を言います。手元のものを本来の目的とは違った用途に使ったり、「本当ならここにはコレが欲しいけど、今はないからほかのもので間に合わせてみよう」と考える。そんな工夫や組み合わせから思いがけない化学反応が起こり、まったく新しい魅力が生まれることも珍しくありません。

「あれがないから、これで代用しよう」ではなく、「あれの代わりにこれを使ったら、きっと新しいものが生まれる」とやりくりのアイディアを考えていると、なんだかワクワクしてきます。

やりくりは、最高の「脳トレゲーム」にもなるのですね。

人もモノも使い切る

日本を代表する名女優。海外の映画祭での受賞歴も豊富で、国際的にも高い評価を得たのが故樹木希林さんでした。

樹木さんの生き方を象徴する言葉は「人もモノも使い切る」だったそうです。

あるテレビ番組で、樹木さんが直径1メートルほどの半円形の木製品の汚れをせっせと落としている姿が大きく映し出されました。この木製品は、朝、近所を散歩しているときに、粗大ごみ置き場にあったのを発見したものとか。

「何かに使えるんじゃないかと思って拾ってきたのよ」

さすがの眼力！　汚れを落とすと見事な彫刻が浮き出してきて、なかなかおしゃれな一品だとわかってきました。

「私はね、人もモノも使い切ることにしているの」と樹木さん。都内の高級住宅地で有名建築家が建てたという豪華な家にお住まいでしたが、イタリアの有名ブランドの皮張りのソファは高倉健さんが「もう、いらない」と言ったものをもらってきたのだとか。よく見ると、ソファの端にはガムテープが張ってあります。

「でも、健さんのだからモノは最高なのよ。だから座り心地がすごくいいの」とけろりと言い放ちました。

一事が万事、この調子。洋服や着物はもう20年ほど買ったことがないそうで、捨てようと思った着物をチョキチョキ切ってリフォームしたものをパーティーに着ていったり、娘婿の本木雅弘さんの着なくなったシャツをそのまま着てインタビューを受けたりと、樹木さんの「使い切る」精神は、さまざまな場でいかんなく発揮されていました。

着古した服やセーターも、もうひと働きしてもらうのだとか。着物や服は同じサイズに切って縫い合わせ、こたつカバーにします。「もういらない」という毛糸玉をもらってきて、新幹線の中などでせっせと編んで、カバーにしたりもするそうです。余り毛糸なので色も素材感もまちまち。それがかえっていい味になっているのですから、感心してしまいました。

さらに、古くなったシャツなどは、ハンカチぐらいの大きさに切ってキッチンの引き出しにストックしておき、汚れを拭いてからゴミとして出すなど、樹木さんがこまめにモノを使い切る暮らしを続けている様子に、強い信念を感じました。

１００円ショップで多くの物が手に入る時代ですが、だからこそ、**「モノの命を最後まで生かす」**という姿勢には頭が下がったのです。

少ないもので「満ち足りた境地」

家中がすっきり片付くと、その快適さはもう応えられません。

整理の後、引き出しやクローゼットを開けると、自分が本当に必要だと思うもの、好きなものだけがあるべき場所にきちんとあるので、気持ちいいこと、このうえありません。

探し物も少なくなるためイライラがなくなり、ストレスもぐんと減る。これだけでもいいことづくめと言いたいくらいですが、身辺がすっきり片付いた暮らしには、さらにより根源的なメリットも潜んでいます。

最大のメリットは、底知れぬ欲望から解き放たれることでしょう。

人はかぎりなく欲望をふくらませていく、業のようなものを持っています。

この欲望があるからこそ、進歩も発展もできるのですが、その一方で、欲望はどこまでいっても満足できない、底なし沼のような面も持っているのです。

ところが、身のまわりがすっきり整うと、今、あるものだけで十分満ち足りていると感じるようになり、それ以上何かを求め、何かを欲しがる気持ちはしだいに影を潜めていきます。

あれも欲しい、これも欲しいと望むのではなく、今あるものに目を向ければ、それで十分暮らしていける、やっていけることに気づくのです。

モノを整理してみると、生きていくために必要なものはそう多くないことが身に沁みて理解できるはずです。

「欲なければ一切足り求むるありて万事窮す」

満足することを知った人は、今あるものだけでこのうえなく心豊かに生きていけるという、良寛の言葉です。良寛の教えをかみしめているうちに、老後の人生で目指すべき生き方が見えてくるのではないでしょうか。

「質素な暮らし」より「簡素な暮らし」

リタイアして年金で暮らすにしても、仕事を続ける生き方を選んでも、老後は暮らしを少しずつスリムにしていくほうが自然です。

暮らしの贅肉落とし、スリム化を心がけるとき、いちばん大事なのは、「簡素」と「質素」を履き違えないことです。

簡素とは、禅の世界でよく使われる言葉で、「無駄なものをそぎ落としていく」こと。

本当に必要なものであれば、あるいは本当に欲しいと思うものなら、高価であっても迷いなく買い求めますが、自分にとって必要がないものは、普段よりかなり安い価格がついていて「買い得だなあ」と思っても手をのばさない。そんな姿勢を言います。

ある禅僧は「**簡素な暮らしは心を磨くもと**」と言っています。「茶禅一味《ちゃぜんいちみ》」と言った千利休は、ついには「家はもらぬほど、食事は飢えぬほどにて事足りるなり」という境地に達し、茶室も2畳ほどの小間《こま》を好みました。茶杓《ちゃしゃく》などは庭の竹を削って作ったものを愛用するなど、一見、ケチケチ生活でしたが、その精神性は崇高で奥深く、究められたものだったのです。

一方、質素は、質素倹約という言葉があるように、いつも節約を心がけ、買い物をする場合も少しでも安いものを探して買う。そんな暮らし方を言います。その結果、やたらに価値が低い、安物に囲まれた暮らしとなり、心まで貧しくなってしまいます。

やりくりして暮らすからといって、「貧《ひん》すれば鈍《どん》す」になってはいけません。人生の実りの時期とも言うべき老後は、心の豊かさこそを大事にしたいもの。「簡素」を旨としていれば、つつましい日々であっても、凛とした気品が漂う暮らしになるでしょう。

私のクリニックにときどき見えるある女性は2年前に65歳になり、国民年金生活に入ったそうです。国民年金の支給額は満額で月々6万円強と、なかなか厳しいもの。彼女は近くのパン屋さんでパートをして、足りない分を補っていますが、そうしたなかでも、毎月1日と15日には好きな花を1、2輪買い、部屋に飾っています。

一方、もう一人の女性は「節約、節約」と言いながら、バーゲンという言葉にめっぽう弱く、つい衝動買いしてしまいます。でも、仏壇の花も途絶えがち。

二人の暮らしを比べてみれば、言うまでもなく、前者が「簡素」な暮らしです。やりくりしながらの暮らしでも、前者のように、華美や豪奢《ごうしゃ》とは距離をおきながら、でも、心はこの上なく豊かな暮らし方を目指したいものですね。

第2章

不安から解放されるお金のやりくり術

9割の人は暮らしに満足

「お金持ちが羨ましい。老後も不安なく暮らせるでしょう?」

「そうよねぇ。年金もこの先減っていくと聞くし、今は子どもを頼れる時代ではない。不安だらけですものね」

言っても始まらないことだとわかっていながら、寄るとさわると、そんな話をしているシニアは少なくないはず。

でも、本当に不安でたまらないとしたら、のんきにお茶を飲んでいる場合ではないでしょう。

少なくとも今の高齢者を見ると、ほとんどは老後の暮らしをのんびり楽しんでいるようにお見受けします。「案ずるより産むがやすし」と言いますが、老後に関しても、そのときになれば何とか暮らしていけるということではないでしょうか。

内閣府の調査でも、日本の高齢者の80％近くは「日々の暮らしに、経済的にあまり困っていない」と言っています。そして、約90％もの人が、「総合的に見て現在の生活に満足している」と答えていることも注目されます。

つまり、**ほとんどの人はお金の問題を含めて、総合的に大きな不安はなく、満足した老後生活を送っている**のです。

以前、勤めていた病院でボランティアをしていたある人は、70代後半だと聞くと皆が仰天するほど、若々しく活動的です。

そんな彼女も、数年前、ご主人を亡くされた後、しばらくは何もかもが不安で、できるだけ家から出ないようにしていた時期もあったそうです。専業主婦だった彼女の場合、夫の死後は遺族年金を受け取ることになり、その額は夫がいた頃の半分強。いきなり収入が半減するのですから、萎縮してしまうのもわかります。

でも、人には、与えられた境遇にしだいに慣れ、順応していく力があります。彼女の場合も少しずつ、それまでの〝半分〟の暮らしが軌道に乗っていき、今ではご近所でも評判の活き活き老後を送っているというわけです。

「同じく夫を亡くし、一人暮らしになったご近所の人と親しくなり、一緒にスーパーに出かけることもよくあります。ときどき、1袋のキュウリやナスを半分ずつ買ったりするとムダがなく、お財布もラク。今では不安もすっかり影を消しました」

そう話してくれた彼女の順応力はなかなかのものですね。

つまり、「現在の生活に満足している」という90％の人の皆が皆、豊かな老後を送っているわけではないのです。

満足とは、今あるもので十分だと思うこと。逆に言えば、けっして豊かとは言えない経済状況でも、「満足した生活を送る」ことはできるのです。

不安の塊になっていてもラチはあかない

90％の人が「現在の生活に満足している」という現実があるにもかかわらず、「老後が不安」「特に、老後のお金について不安でたまらない」という声ばかり聞こえてくるのはなぜでしょうか。

近年、急速に発展してきた脳科学研究の結果、日本人は「不安になりやすい」気質の人が多いことがわかってきました。

明るい気分に向かわせるセロトニンの数を決める遺伝子にはいくつかタイプがあって、２００９年に発表されたデータによると、東アジア人はヨーロッパ人よりも「不安」を感じやすい遺伝子を多く持つことがわかっています。

なかでも、一番高いのが日本で、その次に、韓国、中国、シンガポールと続きます。欧米人は不安を感じやすい遺伝子タイプの人は東アジア人の半分ほどで、最も少ないのが南アフリカだそうです。

でも、何事も悪い面もあれば、いい面もあって、不安傾向の強い人は、知能が高く、優秀だという側面を持っていることも忘れてはなりません。

ともあれ、日本人は不安になりやすく、不安に関する情報に強く反応しやすいのです。マスコミはそれをよく知っているため、不安をあおるような記事を繰り返しデカデカと掲載します。言うまでもなく、そのほうがウケ、よく売れるからです。

そのメインターゲットはもっぱら老後不安にかられやすい高齢者。最近では、シニア雑誌ばかりでなく、ビジネスマン対象の週刊誌でも、毎週のように「老後資金は○○○千万円は必要だ」とか、「年金制度は崩壊する！」というような記事を書き立て、テレビをつければ、『老後破産』特集が組まれ、いっそう不安に駆り立てられます。

こうした情報が不安なうえにも不安な心理をあおるのですね。

でも、いたずらに「老後のお金が不安だ」とこぼしたところで、何にもなりません。本当に不安なら、不安を解消するために有効な行動を始めればいいのです。

不安をなくそうとする意欲は大きなエネルギーに変わります。そのエネルギーは、これから先を前向きに生きていくための大きな力になって、あなたの老後をしっかり支えていってくれるはずです。

明るいほうから見るクセをつける

どんなものにも表と裏があります。明るい面もあれば暗い面もある。100%、何から何までいいことづくめということは、この世にはありません。

リタイア後の暮らしに関しても、不安がある一方、楽しい展望もいっぱいあるはず。実際、不安傾向があまり強くない欧米人は、老後というと反射的に「ハッピー・リタイアメント」と口にし、「郊外に引っ越してカントリーライフを楽しむつもり」とか、「ボランティア活動に参加して地域に貢献したい」などと、笑顔で話し出します。

もちろん、欧米の高齢者にも健康の不安もあれば、経済的な不安もあるはずです。

何よりも最近の欧米は、物価が目の玉が飛び出るくらい高くなっています。ある旅行添乗員が各国の物価をマクドナルドのハンバーガーを目安に計っていて、日本では300円ちょっとのものがスイスでは700円以上、北欧ではもっと高いそうです。ロンドンでは地下鉄に一駅乗るだけで500〜600円もします。

それに比べると、物価が低く抑えられている日本は、年金頼りになっても暮らしやすい国だと言えるのではないでしょうか。

老後の暮らしを展望する場合、まずは、いいこと、楽しいこと、ワクワクすることから考え始めてみませんか。

たとえば、これまでは帰宅が遅く、休日は付き合いゴルフか疲れ果てて昼過ぎまでベッドの中だったご主人も、定年後は違ってくるため、二人向き合って過ごす、心豊かな時間が取れるようになるのです。

「だからユウウツなんじゃない」などと考えないこと。これまで、いざというときにご主人が不在で心細い思いをしたことが何度あったことでしょう。でも、これからはもう大丈夫。「第二の新婚生活が始まるんだわ」と考えると、ちょっとだけワクワクしてきませんか。

人は習慣の生き物です。**何でも明るい面から見るクセをつけよう、つけようとしているうちに、気がつくと見方がすっかり変わっているものです。**明るいほうから見始めると、その裏にいろいろな問題があることに気づいても、「でも、がんばっていこう。きっとがんばれる」と元気が出せるようになっていきます。

不幸でもない人を不幸にする不安

「およそ惨めなものは、将来のことを不安に思って、不幸にならない前に不幸になっている心です」

古代ローマの政治家であり、哲学者だったセネカはこう言っていますが、日本のシニアの現状は、まさにこの言葉通りではないでしょうか。

不安とは、先のことがよくわからない不安定な心理から生まれる感情です。先行きが見えない中を進んでいくのは、たしかに心細いし、怖いものです。ならば、先のことをできるだけ知ろうとし、正しいイメージをつかむようにすれば、不安は解消できるはずです。

たとえば、「年金でやっていけるかどうか、不安だ」とか「老後の蓄えが足りないのではないかと不安だ」と口ぐせのように言っている割に、自分の年金額はいくらぐらいなのかということさえ、把握していない人も多いのです。

リタイアすると生活はどう変わり、生活費はどのくらいかかるのかを具体的に知っておけば、気持ちの準備も進み、不安に振り回されることはなくなるでしょう。

年金について考えてみれば、日本人は誰でも何らかの年金に加入しています。そして、毎年1回、「ねんきん定期便」が届き、一人ひとりの年金事情、何歳からいくらぐらい支給されるかといったことなどが書いてあるそうです。「そうです」というのは無責任なようですが、私は年金などお金に関することは門外漢で、正直なところ、あまり知識はありません。

だから、年金について詳しいことを知りたいならば、日本年金機構に直接、問い合わせることをおすすめします。

最近の日本のお役所はとても親切で、知人が年金機構に電話をしたところ、こちらの求めること以上に親切ていねいに調べてくれ、かえって恐縮するほどだったといいます。

リタイア後の生活については、すでにリタイア生活歴を重ねている先輩を訪ねてみるのがいちばん。ただし、どんなに親しくても、「年金で足りるんですか?」というような直球質問はやめましょう。それでも、「この間、夫婦で伊豆に旅行してきたんですよ」というような話から、およその状態は伝わってくるもの。「あ、でも、区の保養所を使ったんです。意外によかったですよ」といった話まで聞ければ、はからずも、老後の楽しみ方のヒントまでもらえてラッキーですね。

こんなふうにして**情報を集めて、老後のお金について具体的なことがわかってくると、不安はかなり解消するはず**です。

明るい目的を持った、やりくりは楽しい

　とはいえ、年金暮らしになれば今までより収入が減るのは確実でしょう。「何とかなるだろう」という気持ちのまま暮らしていると、やがて足が出てしまいます。やはり意識の改革をして、生活スタイルを考えなければいけません。

　このとき、「年金暮らしになったのだから、倹約、倹約」と、やみくもに倹約を始めると気持ちも盛り上がらず、いかにもわびしい老後になってしまいます。

　友人夫婦は二人そろって明るい性格で、とにかく楽しいことが大好き。二人のお子さんが独立した後は夫婦で海外旅行によく出かけます。それ以外に

も音楽鑑賞、歌舞伎や美術館めぐりをするなどして、その帰りはおいしい店に寄って舌鼓を打ってくる、という日々を過ごしていました。

でも、こうした暮らしを続けていたところ、2年ほどで預金通帳が予想以上に目減りしていることに気づき、生活を見直そうと夫婦で話し合ったといいます。

生活の見直しにあたって、約束したのは「元気に動ける間は楽しく暮らそう。旅行や観劇などはできるだけ減らさない」ということでした。そして、まず行ったのが家計の総合収支表の作成。家計のやりくりを考えるときには、家計の収支と蓄えを一覧表にまとめると、今後、目指すべき暮らしのアウトラインが見えてくると雑誌の記事で知ったからです。

次に、家計収支表を前に、「どれがムダか」「どれを省けるか」と1項目ずつ検討していったのですが、最初の約束どおり、どうしたら年金の枠内で楽しく遊ぶ資金を確保できるかと考えていったので、やりくり計画はむしろ楽しかったと笑顔で語っておられます。

こうして検討した結果、固定費からは生命保険を解約。子どもが独立したのだから、もう生命保険はいらないと考えたのです。2人で加入していたスポーツジムも解約。かわりに2人で毎朝、ウォーキングを始め、駅前のラジオ体操に参加することにしたそうです。

変動費では、いちばん大きなウエイトを占めていた食費を見直し、外食や中食をできるだけカットすることに。ふだんは原則、家で作って食べることに決めました。

こうして日々、やりくりを意識して暮らすようになった結果、ほかの買い物にも慎重になり、生活費は2割ぐらい縮小できたとか。

その分で今も半年に1回ぐらいは旅行へ行き、月に1回はレストランで食事を楽しむなど、回数は減ったものの、これまでと同じように楽しく暮らしています。

「きっと年金額が多いのでは？」と言いたい人もいるでしょうが、二人の年金額は奥さんの国民年金を合わせて月に25万円程度。ごく平均的な年金です。その後、さらにやりくり上手になったため、最近は月に1万円は預金できるようになったとか。これはしっかり貯めておき、金婚式などの記念旅行でどんと使おうと考えているそうです。

暮らしの楽しみは減らさないで、削れるところはバッサリ削るという具合に、メリハリをつけると、やりくり生活は意外に楽に軌道に乗りやすいようです。

「なければないように」が聡明な暮らし方

老後が不安でたまらないという人のなかには、「老後を支えるだけの蓄えがない」と嘆いている人も少なくありません。最近のメディア情報も必要以上にこうした不安をあおっているように思えてなりません。

「安心して老後を過ごすためには、少なくとも3000万円は必要」とか、「老後破産が増えている」といった情報が、これでもかこれでもかといわんばかりに発信されます。こんな記事を読めば、「うちにはとてもそんな蓄えはない」と焦ってしまうのも当然でしょう。

でも、本当にそのくらいないと老後を乗り切れないのかといえば、どうもそんなことはなさそうです。

いろいろと話を聞くと、自宅などの不動産以外でかなりのお金を残す人が多いそうです。もしかすると、不安にあおられて、必要以上に貯めたお金とも言えるでしょう。

ここで言いたいのは、マスコミ報道などに惑わされてお金を貯めている人が想像以上に多いということです。その金額は人によりさまざま。もちろん、お金を残さない人もいるでしょう。

あるところにはあるもの。でも、ないところにはない。これがお金の実態です。

現在の日本では、安心して老後を過ごせるのは、お金がたくさんある富裕層か、まったくお金のない層だと言われています。

低所得の人にはさまざまな行政支援があるので、逆にそれほど心配する必要はないと考えられるのです。医療制度でいえば、がんで入院、手術、抗がん治療など1か月300万円以上かかったある人は、実際に支払ったのはレンタルの病衣、オムツ代などを含めて10万円ほど。さらに医療費のうち2万4000円を超えた分は後に還付される制度になっています。諸条件によりますが、こうした制度があることを知っていれば、いたずらに不安に駆られることはなくなるでしょう。

老後に備えて、お金はあるに越したことはありません。でも、明けても暮れても「老後の蓄えが足りない、足りない」と思いつめ、超ケチケチ暮らしでお金を貯めることに全精力を使う日々では、ちょっとつらくはありませんか。

言うまでもなく、老後も人生の貴重な一部です。わびしく、つらい思いで暮らすのはもったいなさすぎます。一生懸命がんばっても及ばないときには、「なるようになる」と考えるのも、暮らしの知恵の一つかもしれません。

「日本のシニアは贅沢だ」と言われて反論できますか

スウェーデン人と結婚している友人を持つある人が、しみじみと昔からの友を持つ幸せを語っていました。

「彼女は中学時代の友人なの。お互いに年金の話をするような年になっても、昔の友だちはいいものね。ずいぶん久しぶりに会っても、すぐに親しくおしゃべりできるのよ」

その友人のスウェーデン生活はもう37年にもなるそう。先日、数年ぶりに日本に帰ってきたので二人で温泉に行き、つもる話をしているうちに、友人がこんな話をしてくれたのだとか。

「日本に帰ってくると不思議なの。誰も彼もスウェーデンを羨ましがるの。でも、私から見れば、日本の高齢者も恵まれている点がたくさんあるのよ。年金だって、うちは夫婦合わせても、日本のサラリーマンほどもらっていないもの」

それでも、「まったく不満も不安もない」と言うので、理由を尋ねたところ、「『だって、スウェーデンの暮らしは質素だもの』と言われてしまった」と笑います。

私にもアメリカに、すでにリタイアした友人が何人かいますが、彼らはリタイアすると生活を質素に切り替え、それが当たり前だと受け止めて、そのなかで最大限、楽しむ知恵を探っていきます。

たとえば、食料品以外の買い物は原則としてあまりしません。買うとしても、週末に開かれるフリーマーケットや教会のバザーなどをこまめにのぞいて、信じられないほど安く、でも、気に入ったものを探しあてます。

彼らはそれで十分に満足。質素に暮らすこと＝貧しい暮らしだという考え方はしないのです。

一方、日本では、現在の消費マーケットの最大のターゲットはシニアです。シニア向けの商品を次々開発して、テレビや新聞を通じて声高にアピールするので、ついつい買わされてしまっています。こうしてお金をどんどん使えば、年金など足りないのは当たり前でしょう。

フィンランドから帰ってきた友人が「これ、お土産」と言って差し出したのは、自宅近くの森で拾った木の実で作った小さな写真立てだったのに対し、私の知り合いは銀座で買った和柄のタオルハンカチを用意していて、やはりお金を使ったものだったとか。

友人のハンドメイドの写真立てを思い出しながら、彼女も「やっぱり、まだ修業が足りないわ」と大いに反省していました。

1週間単位で生活費をやりくりする

Sさんは一流出版社の信頼が厚い敏腕な校閲者でしたが、30代からフリーで仕事をしてきたため、年金は主に国民年金で、けっして十分とは言えない額です。

でも、いつもこざっぱりした格好をしており、背筋がピンと伸びていることもあって、貧相な印象はまったくありません。

なぜ、そんなにきちんと暮らせるのか。ふとしたことでその話題になったとき、限られたお金でちゃんと暮らしていくコツを話してくれました。

彼女は、まず、マンションの管理費や健康保険・介護保険料など、必要な固定経費を差し引いた**生活費を1週間ごとに割り振って暮らしているそう**です。

「1か月単位だと、つい使いすぎてしまったとき、修正がききにくいけれど、1週単位なら赤字幅も小さく、割合、修正しやすいですよ」

「あ、今週はあぶないな」と思うと、Sさんは「ノー外出デー」をつくるのだとか。「冷蔵庫を開ければ、1日や2日、何も買わなくても何とかなるでしょう。かえって残り物の整理もできて好都合だと思えば、残り物料理も楽しいですよ」とSさんはどこまでも前向き、そして楽しみ上手です。

こまめに家計簿をつけることはしていないそう。でも、毎日、今日いくらお金を使ったかは大まかにノートに書き、前日の分と足して、今月は今日までいくら使ったかは把握するようにしています。

ノートに書くといっても、「スーパー・1568円／八百屋・675円」といった大雑把なもの。外出から帰ったら、すぐに財布からレシートを出し書いてしまうので、負担感はまったくないそうです。

ちなみにSさんは、文楽《ぶんらく》と能鑑賞が趣味。これは1年に2回程度と決めており、蓄えから出しているとか。

「長年、働いてきたんですから、このくらいの贅沢はしてもいいと思って」と微笑むSさん。

自分をしっかり管理し、楽しみも存分に味わう、バランスのとれた老後の暮らしに、「お見事!」と拍手を送りたくなります。

お金を増やそうとするからヤケドする

最近は銀行に預けておいても金利はスズメの涙ほど。シニアの間ではよく「昔は10年間預けておくと2倍近くになったのにねぇ」という話が持ち上がります。

銀行金利と物価はほぼ並行していると言われたのは、以前の話です。現在はデフレが続き、物価は低めに抑えられていますが、最近、公共料金をはじめ、物価は少しずつ上がってきているように感じます。

つまり、銀行においておくだけだと、「虎の子の老後資金が目減りしていってしまう」と不安がよぎるのも無理はないというのが最近の金融事情です。

そこを見透かしたように銀行や証券会社から、「お預けいただいている定期預金の500万円。このままではもったいないですよ。投資信託にすると、もっと利回りがいいですよ」というような電話がかかってくることがあるでしょう。

資産運用アドバイザーなどの名刺を差し出され、「投資信託だと利回りは○○％ぐらいになります」といった話を聞くと、「そうですか、それでは……」とひと膝乗り出してしまうのもムリはないと言いたくなります。

でも、預金以外の金融商品は購入時に手数料がかかるものや、毎年、運用費が必要になるなど、コストがかかるものが多いのです。

言うまでもないことですが、金融機関は、「マイナスになる可能性もありますが」と説明はしますが、「その確率は半々です」とまでは言いません。

投資をするなら、金融商品を決める前に、「ハイリスク・ハイリターン」という言葉を思い出してください。「リターン（利回り）がよい商品は必ずリスクも高くなる」という運用の原則です。

投資をしてはいけないというわけではありません。積極的にお金を運用するという姿勢は、ある意味、大いに評価できるという見方もできるかもしれません。

でも、老後資金は一度減らしてしまうと、その後、リカバーするのは難しいことも肝に銘じておきましょう。

「このほうがずっとお得ですよ」という話を持ちかけられても、即断はしないこと。「少し考えさせてください」と言って電話を切り、必ず逸《はや》る心をクールダウンする時間をとることをおすすめします。

「欲深き人の心と降る雪は　積もるにつれて道を失う」

幕末の幕臣・高橋泥舟の言葉を、もう一度かみしめてみるとよいでしょう。

シニアを狙う詐欺も進化している

「息子さんが出勤の途中で事故を起こしまして……」などと切り出すのがオレオレ詐欺です。

「私はそれほどバカじゃない、そんな詐欺には引っかからないわよ」と大見栄を切るのはいいのですが、敵もさるもの。最近はさらに凝りに凝った手口の詐欺が増えています。たとえば、次のようなものもあるので、注意が必要です。

◆**架空請求詐欺**＝「老人ホームの優先購入権が当たった」と連絡が入り、「名義を貸してくれないか。高く売れる」と持ちかけてくる。お金を支払うと、「名義貸しは法律違反だ」と言って、保釈金やら弁護士費用やらを請求してくる。

◆**キャッシュカードやクレジットカードをだまし取る**＝「あなたのカードの口座が悪用されているので、銀行協会から連絡がある」などと警察をかたる人間から連絡があり、「新しいカードに変える必要がある、手続きに必要なのでカードと暗証番号を教えてほしい」と銀行協会を名乗る者が来てカードを受け取り、お金を引き出して使ってしまう。

◆**イベント詐欺**＝突然「金《きん》にかかわる投資会社」のパンフレットが送られてくる。そこには、「このパンフレットは限られた人にだけ送っているもので、パンフレットを持っている人だけ、今なら、特別料金で金を買うことができる。金を購入すると100人に限り、東京オリンピック・パラリンピックの記念硬貨をプレゼントする」などとある。

その後、大手新聞社記者を名乗る者から連絡があり、「運がよかったですね。この投資商品はなかなか買えないんですよ」などと追い打ちをかけられる。だが、お金を振り込むと、その後、協会とは連絡がとれなくなる。

こうした被害にあうのは、60歳以上が80％以上で、その70％以上が女性です。

撃退方法は、電話に直接出ないこと。留守番機能に設定しておき、メッセージを聞いて知り合いなら、かけなおす。そうでないなら、放っておくという方法がいちばんです。

最近は、電話がかかってくると相手に警告しつつ、通話内容を録音する機能がついた「防犯電話」があります。自治体によっては、こうした機能を既存の電話に取り付けられる「自動通話録音機」を無償で貸し出しているところもあるため、利用するといいでしょう。

「お金を使わず習い事」のカギは区民センター

「定年後は、時間はたっぷりあるのだけど、その時間の使い方がわからない。何か習い事でもと思うものの、けっこうお金もかかるし」と知的好奇心をもてあましている人もいるでしょう。

でも、ちょっと探してみれば、**お金を使わずに習い事など知的好奇心を満たす機会はけっこうある**もの。最近は市や区などの行政がシニアのための講座や各種のレッスン教室を積極的に展開しています。

クリニックの患者さんにこんな人がいます。

彼は元大手銀行に勤めていました。元銀行員というと、経済的にも恵まれた印象を持つでしょうが、実情はそう甘いものではなさそうです。

銀行もかつてほどバラ色ではなく、彼自身も50歳を前にした頃に早期退職を余儀なくされたとか。早く言えば、リストラされたという経歴の持ち主です。

その後、中規模の会社で働いていたようですが、65歳でここも定年に。以後は、ウクレレと英会話、太極拳など週に3回もの習い事、ほかに学生時代から熱中してきた将棋を仲間と打つなどで、充実したスケジュールを楽しんでいます。

「こんなに習い事ができるなんて余裕のある老後なのだなあ」と羨ましくなりますが、彼の習い事はすべて区が行っているシニア教室。すべてが無料というわけではありませんが、英会話は1回600円、太極拳は月2回で1500円と、民間の習い事に比べれば格段に低料金です。

大学をのぞいてみるのも、おすすめです。

知り合いの70代の女性は、東京・武蔵野市の大学が共同で行っている「武蔵野地域自由大学」に参加し、講義科目のうち、関心のあるテーマを選んで受講しています。講義内容は、「大国・中国はどこに向かうのか」とか「夏目漱石と近代日本」など、なかなか高度。受講料は無料です。

子育てや仕事から解放された老後こそ、純粋に興味のある分野を追求できるチャンスではないでしょうか。

こうした活動の情報は、自治体が発行している区報・市報、あるいは町報などに掲載されているので、じっくりチェックすると、知的好奇心を満たす講座や講演情報が見つかる可能性はかなり大だと思います。

今すぐ始められる〝教えあいっこ〟

まわりの人に声をかけて教えあいをするという方法も考えられると思います。

知人の奥さんはテレビで見た俳句に興味を持ち、はじめは季語集を買ってきて、自己流の俳句を作っていたそうです。しばらくすると仲間が欲しくなり、かつてのママ友に声をかけてみたところ、すぐに賛同者が現れて、今ではときどき集まって句会を開くようになっています。

そのうちに、仲間の一人が持っていた袋物が手作りだとわかり、「ぜひ、教えて」となって、手芸教室も開かれています。元新聞記者だったという男性の仲間は、ときどき時事問題や世界情勢をわかりやすく解説してくれ、これも予想以上に好評です。

こうした活動をしたいと思っても、会場探しがネックになることも多いでしょう。区や市のシニア施設はどこも希望者でいっぱい。抽選にしたり、それまで毎週利用できたものを月2回と使用回数を制限するなど、それぞれ苦心しているのが実情です。

句会から始まったこの〝**教えあいっこ**〟では、一人暮らしの仲間が自宅を提供しています。みんなが「悪いわねぇ」と言うと、「お礼を言うのは私のほうよ。おかげで家を片付けるようになったから、ゴミ屋敷にならずにすんでいるの」とさらりと受け流すので、気持ちの負担はないようです。

お茶やお茶菓子は会費制で当番が用意する決まり。旅のお土産やいただきもののおすそ分けはいつでも大歓迎と気取らず、無理のないやり方であるためか、会合の日には笑い声が絶えることがありません。

区や市の保養所を積極的に利用する

東京・文京区に住むKさんは、年に1～2回、温泉旅行を楽しんでいます。「優雅なご身分ね」と思うかもしれませんが、どうやら、そんな〝優雅な身分〟ではなさそうです。

そろそろ70歳代に入る年齢ですが、今も週に3日ほどパートで仕事を続けていて、Kさんが利用するのは、もっぱら区の協定保養所です。

文京区では、湯河原や箱根、新潟県の温泉町やスキー場など、何件もの宿泊施設と協定契約を結んでおり、区在住者ならば通常料金から割り引いた、1泊2食付き1万円以内程度の格安料金で宿泊できます。

自治体によっては協定保養施設があります。これは自治体と協定を結んだ民間のホテルや旅館などです。割0引料金や宿泊特典などが付いて利用することができるのです。

こうしたサービスは、たいていの区や町などの自治体で行っているはずです。「知らなかったなあ」では、もったいないですね。自治体のホームページを開いて、こうしたサービスの有無、利用料金などをきちんと調べてみましょう。

ウィークデイなら、それほど混み合っていない様子です。いつでも自由に旅行できるシニアにとっては朗報ですね。

無料パスで「路線バス乗り継ぎの旅」

「ローカル路線バス乗り継ぎの旅」は、3名のタレントが路線バスだけを乗り継いで、決められた出発点からゴールを目指して旅をする、一見、何の変哲もないテレビ番組です。

ところが、これがなんとも不思議な魅力にあふれているのです。その証拠に、すでに長い間続いており、日本中のほぼ全県を走破するヒット番組になっています。

ある日、何気なくこの番組を見ていたAさんは、自分も「路線バス乗り継ぎの旅」を楽しもうと思い立ち、友人二人に声をかけて、今では春夏秋冬、四季に一度、バスの乗り継ぎ旅を楽しんでいます。

といっても、旅は都内限定。なぜなら「東京都のシルバーパス」を利用しての旅だからです。

「東京都シルバーパス」は都内在住の70歳以上の人なら誰でも入手できるパスで、市町村民税が非課税、あるいは所得が135万円以下なら1000円です。それ以上の人は20510円、新規申し込みの人は10255円で、いずれも1年間有効。都内のほとんどのバスと都営地下鉄と都電、日暮里舎人ライナーに乗車できるので、これらを上手に組み合わせて乗り継いでいくと、「行けないところはない」と言ってよいくらいだとか。

シニア優遇パスは、他の都道府県や市などでも発行されています。さっそく、ホームページをのぞくか、役所に問い合わせてみましょう。

お金はかけず親への最高のプレゼント

私のところにお見えになるある方は、そろそろ80代に手が届く年齢です。クリニックに来られるくらいですから、100%健康というわけではないのですが、今もしっかりと一人暮らしを続けています。

「でも、ちっともさびしくないし、心細いと思ったこともないんですよ」

やわらかな笑顔でそう語るので、ある日、そのわけを伺ってみました。

一男一女と子宝に恵まれた人ですが、息子さんも娘さんも遠方住まい。息子さんは中国で風力発電の仕事をしており、娘さんは結婚後、沖縄の離島で民宿を営んでいるそうです。

さびしくない理由は、その二人が入れ代わり立ち代わり、毎日のように電話をかけてきてくれるからです。

昔なら、「電話代が大変でしょう」と言うところですが、今はお金のかからない電話があるのですね。息子さん一家とはスカイプのテレビ電話で、沖縄の娘さんとはラインでメールや通話をしているとか。

スカイプもラインも通信料は０円。どちらもお金をかけずに好きなだけおしゃべりを楽しめるコミュニケーション方法です。

やりくりというと、倹約・節約ばかりを頭に浮かべがちですが、こうした無料サービスを積極的に取り入れることも現代のやりくりのうちでしょう。

航空機のマイルも上手に使うと、かなりトクです。クリニックに出入りしているある製薬メーカーの営業マンは、飛行機を利用する場合だけでなく、普段の買い物から光熱費まで、すべてＪＡＬカードで決済しているそうです。

ＪＡＬカードは、毎月10万円使うと年間で１２０００マイルたまり、これで国内の往復航空券をゲットできるのだとか。あと少し買い物などをし、１

5000マイルためれば海外往復航空券もゲットできます。

高齢になると、**とかく時代の進化に取り残されがちになりますが、できるだけおトクな暮らしの知恵を取り入れるようにしたいもの。**子どもが帰ってきたときなどに聞いてみたり、シニア活動で知り合った人にどんどん聞いてみて、まず情報を集めることから始めましょう。

第3章

目指すは颯爽《さっそう》とスマートなシニア！

シニアライフにはパソコンやスマホは必需品

ある患者さんから「パソコンを習い始めました。これはパソコンで作った人生初年賀はがきです」と年賀状が届き、正直、仰天しました。たしか80歳を2つ、3つ超えているはずの女性です。2年前にご主人を亡くされ、お子さんがないことから、この先どう生きていったらいいのかと悩んでいた様子だったのを覚えています。

でも、一周忌をすませた頃から自分を取り戻し、一人老後の日々を歩み出したようでした。もともと都庁で定年まで勤めあげた経歴を持ち、精神的にはしっかりした人ですが、銀行や証券会社とのやりとり、税金・保険の契約などはすべてご主人任せ。もちろん、パソコンにもスマホにも「触ったことがなかった」そうです。

そんな彼女がパソコンをマスターしようと思い立ったのは、区のシニア活動で仲よくなった友だちが、何かというとスマホを取り出して、あっという間に調べてくれる様子を見たのがきっかけでした。インターネットができるようになれば、ネットで買い物をしたり、レストランや劇場の予約ができるなど、暮らしをより幅広く楽しめることを知ると、矢も楯もたまらずパソコンを使えるようになりたいと思ったそうです。

折よく、区で「シニアのためのパソコン入門」講座を開いていると聞き、思い立ったが吉日とばかり、すぐに入会しました。会費は１回６００円也。

少しパソコンができるようになったら、自信がついて、それまでのガラケーの携帯からスマホへの乗り換えにもチャレンジ。今では時と場所に応じて、パソコンとスマホを使い分けるまでに上達しています。

始める前は、「パソコンもスマホもすごく難しいもの、80歳すぎの自分にはハードルが高すぎる」と思い込んでいたそうです。でも、少しできるようになると「なるほど便利だ。だんだん出歩くことが負担になってくる老後こそ、パソコンやスマホは強い味方だ」と思うようになっているとか。

パソコンやスマホだけでなく、何であれ、「この年をして今さら」とか「今から覚えるなんてもうムリ」と思ったところで、扉は閉ざされてしまいます。

「これだけ多くの人が使っているのだもの」とか、「小学生の孫だってけっこう使いこなしている」と考えれば、「自分だってできるはずだ」と考え方も変わるでしょう。

いくつになっても自分の可能性にフタをしない。こうした姿勢でいることは、認知症リスクを抑え込むためにも効果的です。

ネットショッピングは割安で返品もできる

各地から百貨店の閉鎖のニュースが届く昨今、その理由の一つはショッピング行動に大きな変化の波が押し寄せてきているためです。

クリニックのスタッフなど若い世代は、もう買い物はほとんどネットショッピング。私の年代になると、「着るものなど試着しなければ体に合うかどうかわからない」とか。「生地の質感や色などはやはりリアルでなければ」と考えてしまいますが、若い世代は、「品物が気に入らなければ返品すればいいだけのこと」と割り切っています。

ネットショッピングの利用者はどんどんふくれあがっています。ネットショッピングを押し上げている最大の理由は、価格が割安なこと。店舗と接客用員がいらないので、当然、割安で提供できるわけです。

理由の第2位は、品揃えが豊富なこと。コンピュータ上にアップするだけなので、実際の場所は必要ではなく、いくらでも品物を並べられます。

返品しやすいこともネットショッピングの利点の一つ。リアルの買い物を返品するのは敷居が高いものですが、ネットショッピングなら宅配便で送り返せばOKです。

重いもの、かさばるものなど高齢者にとって負担の多い買い物も、一定の条件を満たせば送料ゼロで送ってくれる場合も多いようです。いずれにしても、ネットショッピングをできるようにしておくことは、これからの高齢者の暮らしに必要だと考えましょう。

「習うより慣れろ」と言います。とにかく一度、利用してみると、ネットショッピングに対する抵抗感を克服でき、そこから〝慣れる〟へ進んでいけるようになります。

子どもや孫への支援はしない

老後が不安だと言いながら、子どもの家庭や孫へ経済的支援をしている人もいます。内閣府の調査によると、そんな高齢者が約２割もいるそうです。

教育費負担は年々重くなるばかり。一方、子どもの教育費がかさむ年代の所得は伸び悩んでいるという事情もあり、「孫の将来のため」などと泣きつかれると、つい、ない袖でも振ってしまいたくなる気持ちもわからないではありません。

でも、人生90年時代、いや、人生１００年時代とも言われる現在、何よりも自分の長い老後を最後まで自立してやることを第一に考えるべきでしょう。

また、「今、支援をしておけば老後の面倒を見てくれるのでは」というのは甘すぎます。現在のミドルエイジたちには、さらに厳しい老後が待っているると予想されています。そんな子どもたちに過大な期待をするのは、かえってかわいそうではありませんか。

子どもや孫に援助できるのは、自分たちの老後は最後まで自分たちでまかなって、なお余裕がある場合だけです。ある経済評論家は「預貯金が5000万円以上ある人でなければ援助すべきでない」と言い切っています。

子どもや孫はかわいいもの。つい、「少しぐらいならいいよ」と返事をしてしまいがちですが、まず我が家の預貯金通帳を見直しましょう。

一度、援助をしてしまうと、やめるタイミングはなかなかありません。その結果、高校、大学と〝援助は続くよ、どこまでも〟となり、覚悟していた以上に預貯金が目減りしてしまい、老後不安に陥っても後の祭りになるのがオチです。一時の甘さが老後を危うくすることにもつながりかねないと、肝に銘じておくようにしましょう。

援助が親子関係にヒビが入る原因にも

老親が成人した子どもに援助すべきではない理由が、もう一つあります。誰でも、お金を出すと、つい口も手も出したくなるからです。

でも、いい年をした子どもなら、親の口出しはうっとうしいだけ。まして、結婚してパートナーを得、我が子もいるとなれば、あれこれ言われるのはありがた迷惑以外の何物でもないはずです。

ところが、お金を出していれば、孫の教育やしつけについて「お金をあげているんだから、ちょっとくらい口をはさんでもいいじゃないの」という気持ちになりがち。でも、「ちょっとくらい」のつもりでも、子ども世帯にとっては「よけいな口出し」「過剰な干渉だ」ということになり、もめ事に発展してしまう可能性はけっして小さくありません。

とくにシリアスになりがちなのが、息子の家庭をめぐるケースです。息子は我が子であっても、息子の妻は元は他人。その二人が家庭を持ち、自分たちの価値観で子どもを育てているのです。我が子のため、孫のためだと思って口にする意見も、価値観が違えば取り入れてもらえないのは当たり前。息子の家庭の価値観を尊重し、一歩距離を持って接することを心がけましょう。

もっとも、それには条件があります。子ども世代も、我が子の教育費を親に依存しないこと。「親に援助はしてほしい」が、「口ははさまないでほしい」では勝手すぎます。

親子が助け合う気持ちは一見、美しいようですが、往々にして、もたれ合いになり、けっしてよい結果をもたらさないことも肝に銘じましょう。

成人し独立した子どもとは、独立した人間として向き合い、経済的にも依存し合わないことが原則。これがスマートな大人の関係だと思います。

孫に伝えたい、お小遣いを通した金銭教育

孫のかわいさは想像以上のもの。その孫が喜ぶ顔を見たい一心でお小遣いをたっぷりあげたり、高価なおもちゃを次々与えるといった、じぃじやばぁばが増えていると聞きますが、さも、あらんという気になります。

限られた年金からでも惜しげもなく孫へお小遣いを出し、あるいは孫の手を引いておもちゃ売り場に行き、欲しいものを買い与える。そうすれば、じぃじ、ばぁばは「大好き！」と言ってもらえ、いい気分になるでしょう。

でも、これではしつけはできません。

お小遣いは、子どもの金銭教育の機会でもあります。**決められた範囲内で、必要なもの、欲しいものをどうやりくりして買うかを学ぶことができるの**

です。

たとえば、お孫さんが毎月のお小遣いの何倍もするような大モノが欲しくなり、倹約してお金を貯めているとします。「あのね、あと○○○円たまったら買えるんだ」と言われ、「それじゃあ、足りない分をじぃじが出してあげようか」などと口走ったりしていないでしょうか。

これでは、お孫さんから、欲しいものを我慢してお金を貯め、目的をかなえるという貴重な体験をする機会を奪ってしまうだけではありませんか。

お孫さんから「6年生で3000円なんてうちだけだよ。友だちは5000円ぐらいもらっているよ」などと不満を突きつけられることもあるでしょう。そんなとき、「それじゃあ、もう少し」と金額をアップするのは、祖父母として最低です。

「よそはよそ。うちはうち」と言って聞かせ、それぞれの家で事情は異なるものだということ、与えられたもので満足すべきだということなどをきちんと話してあげましょう。

親の子育てで行き届きにくいことを教えるのも、祖父母世代が担うべき大事な役割ではないでしょうか。

長男、長女だからと頑張りすぎない

超高齢社会の最近では、退職後になって老親の世話や介護が必要になるケースも増えています。こうした場合、お金の問題がからんでくるのが現実です。

今の日本はさまざまな面でまだ公平さに欠けることも多く、たとえば法律で相続は兄弟姉妹で等しく分け合うと決められているのに、親の世話は「長男だから」「長女だから」と昔ながらの兄弟姉妹の序列を持ち出すことが珍しくありません。

シニア世代にもどこかに古い考え方が残っていて、「長男だから」「長女だから」と言われるままに何もかも背負ってしまうことも少なくないようです。

親は兄弟姉妹全員の親です。遺産相続だけでなく、お世話や介護は兄弟姉妹ができるだけ平等に関わっていくと考えるべきでしょう。

見栄《みえ》や勢いで「長男だからオレが出すよ」などと言っても、誰も「さすがに兄貴だ」と尊敬もしない時代です。親の治療費用や介護費用は、できるかぎり親のお金でまかなうようにしましょう。

介護の長期化などで親のお金が足りなくなった場合は、兄弟姉妹で話し合い、原則的にはみんなで〝割り勘〟にすること。といっても、兄弟姉妹それぞれに事情もあるでしょう。厳しい場合は、手元事情を正直に話し、他の者も理解を示すようにしたいものです。

あれこれやりくりしても介護費用負担が重すぎる場合には、兄弟姉妹で役割分担をし、できるかぎり自分たちの手で介護するほかに解決策はありません。介護の負担も、できるだけみんなで等分に引き受けること。仕事の都合などでみんなと同じように介護できない場合は、事務的に聞こえるかもしれませんが、お金をやや多めに負担するなどで、できるだけ平等を心がけるほうが、後々のもめ事を防げます。

知り合いの医師は要介護4の母親を自宅で介護することに決め、介護保険をフルに利用したうえで、独身で仕事をしてきた彼女を中心に、義姉《ぎし》、義妹《ぎまい》の三人でシフトを組んで3年間にわたる介護を乗り切ったそうです。

その結果、義姉や義妹との間に実の姉妹のような絆が育まれました。お母さんを見送って数年たった今も、折に触れて旅行やグルメを一緒に楽しみ、「こんなに楽しい老後を残してくれたのはお母さまの最高の遺産」と、かえって亡きお母さんに感謝しているそうです。

ややもすると重たいだけの親の介護問題ですが、こんなふうにスマートにこなすこともできるのですね。

「to do list」ではなく、「not to do list」

「先生、お久しぶりです」

元気な声とともにクリニックに入ってきたのは、数年前までときどき、本のお手伝いをしてもらっていた人です。

でも、正直に言うと、「ああ、あの人だ」と思い出すまで一瞬の時間が必要でした。入ってきたのはショートカットのボーイッシュな女性で、私が知る人は、肩までのセミロングヘアで、しっとりエレガントなタイプだったからです。

話を伺うと、今年の誕生日で65歳になり、後期高齢者入りしたのだとか。

フリーランサーの彼女の年金はけっして十分とは言えず、もちろん今後も仕事を続けると同時に、生活全般を大きく見直したそうです。

見直しに当たって作成したのが「not to do list」。

普通、作成するのは「to do list」でしょう。「これこれをしたい」あるいは「しなければいけない」リストで、買い物や旅行に行くときなどに作成するのはこちら。「not to do list」はその反対に「しないことのリスト」で、つまり「やめることのリスト」です。

彼女の場合、そのリストのトップにあげたのが美容院に行くことでした。それまで月に一度、美容院でカラリング、カットにパーマ、ときどきトリートメントを頼むと3万円近くになっていたそうです。

「ひと月もすると白髪が目立ってくるでしょう。美容院は必要経費だと思い込んでいたのね」と彼女。でも、「not to do」とばかりカラリングをやめ、パーマもやめ、さらに思いきってボーイッシュなショートカットにしたところ、「まわりから『若返った』『すごくおしゃれ』と大好評なの」と、にっこり笑います。ショートカットなので白髪は気にならなくなり、「グレイヘアがモダン」だと、かえってほめられるそうです。

ヘアスタイルが変わったことからファッションも様変わり。宝塚の男役のようなおしゃれを楽しむようになっています。

美容院の費用を浮かせたばかりでなく、生まれ変わったように活き活きしたライフスタイルを手に入れた彼女は、毎日が新鮮で、楽しくてたまらない様子です。

自分なりの「やめることのリスト」を作ってみよう

これまで忙しく働いてきて、やっと手に入れた仕事から解放される日々。定年を迎える頃になると「ヨガを始めよう」「世界遺産を回りたい」「ボランティア活動を始めよう」などと、やりたいことが次々頭に浮かんでくるのではありませんか。

そうしたやりたいことをリストアップして、まずは「to do list」を作成することが、実は「not to do list」作りの第一歩。それから「to do list」の見直しをするのです。

人生90年時代などと言われますが、人の運命はそれぞれなので、「平均寿命まで生きるとして何年」という計算通りにはいかないことも多いもの。仮にそれまで生きられたとしても、体力も気力もしだいに衰えていくことも計算に入れて、「to do list」に大ナタを入れていきます。

「自分が本当にやりたいかどうか」「本当にすべきかどうか」と自分に問いかけるのです。

こうして「to do list」が完成すれば、その過程で、これまでしなければならないとか、したいなあと思っていたことでも、もっと大事なことがあると気づき、自然に「not to do list」が出来上がっていくはずです。

このとき**大事なのは「世間の目」を排除すること。**みんなはこうするとか、世間体が悪い、人がなんと言うかわからないというようなことは、いっさい気にする必要はありません。

あくまでも自分が本当にやりたいことだけに絞り込み、そのためには「やらなくてもいい」「やる必要のないこと」は世間がどう見ようとおかまいなしにやめていくのです。

「to do list」「not to do list」の作成は、これから先の残りの人生を本当に自分らしく価値あるものにするために、ぜひおすすめしたいのです。

少人数家庭なら買い物は専門店で

帰宅途中にコンビニがあると、とくに用はないのに吸い込まれるように立ち寄ってしまう人はけっこう多いと思います。コンビニから出るときに、とくに用はなかったはずなのに、たいてい何かを買っているのではないでしょうか。

実際、コンビニでは、平均６００円以上の買い物をしているというデータがありますが、その多くは予定外の買い物です。１日おきにコンビニに寄ったとすると、１年では約11万円の出費になる計算です。本当に用があるとき以外はコンビニの前は素通りすると決めるだけで、この金額は節約できるわけですね。

スーパーマーケットも同じです。昨年、後期高齢者になった知り合いは「最近はできるだけ専門店で買い物をするようにしているのよ」と言います。「贅沢な人だね」と聞き流してしまいそうになりますが、よく聞くと、「スーパーに行くと、つい、予定外のものまで買ってしまう。豆腐屋に行けば豆腐1丁買うだけですむでしょ。八百屋や魚屋も同じで、目的のものだけ買うので金額がふくらまず、結果的には出費を抑えられるの」と言うのです。

子どもが独立し、夫婦二人か一人暮らしが多い老後。長年の習慣で、それでも、毎日のようにスーパーや商店街に出かけていく人が多いのではないでしょうか。

今日は豆腐だけ、あるいは魚だけ買えばいいという日は、スーパーを避けて、〝専門店〟で買うようにすると、それだけでかなりのムダを省けるはずです。

日本は、世界でも1、2位を争う食品廃棄率の高い国。政府広報によれば、日本では年間１９００万トンの食品が廃棄されており、これは７０００万人が１年間食べていける量に匹敵するそうです。廃棄される食品の半分は家庭から排出されているのだとか。その背景には、買いすぎが潜んでいることは明らかで、一般家庭の食品廃棄率は平均20％ほどに達しています。

ひと昔前までは、食品のムダをなくす工夫は高齢者の得意技でしたね。**現代のシニアも、よけいに買わない、食べ物を捨てない知恵に磨きをかけたいものです。**

野菜の残り物は小さく切って保存しておく

一人〜二人の小人数暮らしでは、どうしても残りものが出がちです。そこで、ある一人暮らしシニアに聞いた、野菜の余りを〝捨てない〟方法をご紹介しましょう。

キャベツ、にんじん、大根、玉ねぎなどが少量余った場合には、それぞれを2〜3センチ角ぐらいに切って、ファスナー付きポリ袋に入れ、軽くチンして冷凍しておきます。

ちょっと野菜が欲しいというときに、これ以上便利なものはありません。

たとえば、みそ汁が欲しいときは、牛乳わかしなどで1、2杯分の水と出汁を入れて沸かし、ここに冷凍した「残り野菜」を少量入れて温め、最後にみそを溶き入れる。これだけでおいしいみそ汁が完成します。スープも同様に作れます。

魚を焼いた、肉を炒めたという場合も、残り野菜を袋入りのままチンをして、塩、こしょうするだけで付け合わせが出来上がり。

軽く塩でもみ、冷蔵庫にあるドレッシングをかけるだけで、箸休めの小鉢料理に変身させることもできます。

こうした一工夫で食材を最後まで使い切る知恵は、まずシニアが実行し、さらに若い世代へと伝えていきたいものの一つではないでしょうか。

図書館は地域の情報の宝庫です

「図書館をもっと活用しましょう」などと書き出すと、「もう、とっくに活用していますよ」という声が聞こえてきそうです。

現在、シニアの2割は週1回以上、図書館を利用しています。開館時間前から大勢のシニアが、扉が開くのを今か今かと待ち受けている光景をよく見かけます。なかには、新聞は毎日、図書館で読むことにしているという人も増えているとか。

遅い午前中やお昼過ぎになると、今度は買い物がてらといったふうのシニア女性も増えてきて、カラフルな女性誌などをひっくり返しています。週刊誌を含めて、雑誌は図書館で読み、必要なところはコピーを取るという利用法はすでに当たりまえになってきているようです。もちろん、本を借りていく人も多く、人気があるのは小説・エッセイ、実用書、健康関係の本、歴史や伝記などの順だとか。

空調のきいた快適空間の図書館は、たっぷり自由時間があるシニアにとって一種の〝救いの場〟になっていると言っても過言ではないかもしれません。でも、最近の図書館は、こうした本に関する利用法のほかに、もっと多岐にわたる機能を持っていることを存じですか。

地域により、あるいは図書館によって違いはあるでしょうが、最近、図書館は地域住民の「知りたい、学びたい、楽しみたい」の三つの機能を果たす場として進化しています。

映画やDVD、CDの視聴スペースがあったり、週末などに試写会、講演会、学習会を設けている図書館もあります。

また、各地域にある植物園や公園、美術館・博物館、公会堂、ホール、公民館などで行われているカルチャースクール、市民交流活動、体育館、スポーツジムなど、周辺地域を含めた施設情報やイベント情報の発信を行っているところも少なくありません。

知り合いのEさんは、付近の寺の境内《けいだい》で薪能《たきぎのう》が行われていることを図書館のポスターで知り、思いがけない眼福《がんぷく》を味わってきたそうです。

気をつけてよく見ると、ポスターやパンフレット、チラシがズラリと並んでいるコーナーがあるはずです。図書館でこうした情報もまめに入手して、地域の文化イベントなどを最大限に活用しましょう。

母の着物をリメイク、たった1枚しかない服

以前、一緒に仕事をしていた看護師が久しぶりに顔を出してくれました。

もともとおしゃれな人でしたが、この日の服装はさらに個性的で、リタイア後、持ち前のセンスがさらに磨かれたことがわかります。

「素敵なお洋服ですね」とスタッフが言うと、「でしょう？　よく、ほめていただくんですよ。先日も電車の中で知らない方から『どこでお求めになられたんですか？』と声をかけられたくらい」と、ちょっと自慢げな返事が返ってきました。

この日、着ていたのは大島紬《おおしまつむぎ》の着物をリフォームしたものだといいます。

「母が亡くなり、家を処分することになって大々的に片付けたところ、大量

の着物が出てきたんです。古着屋に声をかけたら、あまりに安くて涙が出てきそうでした」

涙が出そうになったのは、手元に入るお金が少ないことだけではなく、今や伝統的な凝った染めや織りでも、着物そのものの需要がなくなってきていることを改めて思い知らされたからだとか。これでは、日本の伝統産業はどんどん衰退していってしまうと、激しい危機感にかられたそうです。

といっても、日常的に着物で過ごすのはちょっと無理。それなら、着物をリメイクして、個性的なファッションを楽しもうと考えたのです。

この日、着ていたのは透け感のある夏大島紬で作ったサマーコートでした。上質のシルクなので渋い光沢を放っていて、凝った風合いがとても上品な印象です。

「着物は直線裁《だ》ちなので、リメイクしやすいことも新たな発見だった」と笑います。端切れは袋物や小物敷きなどにリメイクし、友だちにどんどんあげています。

それを見て、「私もやってみようかしら」と言い出す人がいて、最近は月に1～2回、彼女の家に布地と針道具を持った仲間が集まって、口も手も動かす時間を楽しむようになっているとか。

手元を動かすと、認知症予防にもなることがわかっています。

価値ある伝統的なものを蘇らせ、友だちと楽しい時間を過ごす。そのうえ認知症予防も期待できるなんて、彼女はまさに一石三鳥の成果を得ているわけですね。

“買わない技術”を鍛える

「シェアリング」という言葉をご存じですか。

最近は、物事を合理的に考える人が増えてきて、「所有」することにこだわらず、複数の人で共有し、必要なときだけ使うシェアリングが盛んです。

代表的なのは、自動車を共有するカーシェアリングでしょう。マイカーがステータスだった時代はとっくに終わり。所有していると税金や車検、保険などで、それなりの固定費がかかることから、「月に数回使う程度ならずっとコスパがいい」とカーシェアリングを選ぶ人が増えているとか。

利用料金の目安は、プリウスを6時間利用して8000円程度。予約をしておけば、必要なときにすぐに乗れるようです。

ほかにも楽器、スーツケース、高級家電など、探してみると実にいろいろなものを〝借りられる〟ことに驚きます。何でもすぐに〝買う〟という発想をしないで、借りてすむものなら借りてみようという方向性も検討するといいでしょう。

所有しなければ保管場所もいらなくなり、その分、広々と暮らせます。

知人の奥さんは、同じマンションに住む主婦４人で１台の自転車をシェアしているそうです。

子どもの幼稚園やお稽古事の送り迎えをしなくてすむようになると、ママチャリの出番もぐっと減ります。駅に近く、買い物に便利なそのマンションで自転車が必要なのは、ちょっと離れたところにある図書館や区の体育館を利用するときくらい。駐輪場で「自転車が古くなっちゃって。そろそろ買い替えなければ」と立ち話をしているうちに、「シェアしたら」という話に発展していったそうです。

その奥さんは〝買わない〟名人で、2歳違いの妹さんと体形や趣味がほぼ同じとあって、洋服やバッグなどもシェアしています。「次の祭日、音楽会に行くの。あのブルーのワンピース、貸してくれない？」とか、「親戚で不幸があったの。喪のバッグ、使わせて」というラインが行ったり来たり。宅配便なら、たいていのところは翌日届くので、間に合わないことはなかったそうです。

必要なものは〝買わなければならない〟という思い込みを捨て、レンタルやシェアを活用するという視点を持つ。これも新たなやりくりの知恵と言えそうですね。

ボランティアは〝他人のためならず〟

ネット時代はありがたいもの。私は最近、アメリカで過ごしていた若い頃の友人たちと、ネットやラインを通じて気軽に連絡を取り合うようになっています。

早めにリタイアした人もいますが、誰ものんびりなどしていません。欧米のシニアは、リタイア後はボランティア活動をしているのが普通なのです。なかには、「思う存分、ボランティア活動をするためにリタイアした」とジョークを飛ばす人もいますが、あんがい半分は本音かもしれません。

最近は、日本のシニアも積極的にボランティア活動をする人が増えてきており、60歳以上では3人に1人が何らかの活動に参加しているそうです。しかし、国際的に見ると日本のボランティア活動時間は、先進12か国中、下から2番目。生活時間の中で1日あたりボランティア活動に割く時間は、日本の男性5分、女性4分に対して、1位のカナダは男性21分、女性24分と、その差は歴然です。今は「超」が付くほどの人手不足時代。日本のシニアも、もっと積極的にボランティア活動に参加するようにしたいものです。

ボランティアは「他人のために行う」という考え方は過去のものです。実は、自分自身も予想以上の恩恵を受けられるのです。ボランティアを通じて社会との接点を持てる。与えられた役割を果たす喜びがある。それなりの責任を果たすことで適度の緊張感を保てる。こうしたことで、いつまでも頭も心もしゃっきりと保つことができたりもするわけです。

かつてスーパーボランティアとして大きな話題になったのが尾畠春夫さんです。尾畠さんは完璧なまでに自己責任を貫くボランティア精神を実行しており、その活動の見事さが高い関心を集めました。2011年の東日本大震災時には70代でしたが、現地に500日も通ってボランティア活動をしたそうです。この間、すべて車中泊。食事も持参したもの以外は口にしなかったそうです。

ボランティア活動をしたいという人は、「自分の意思でボランティアさせてもらっているんだから、相手の負担になってはいけない」という尾畠さんの言葉の深い含蓄《がんちく》をかみしめてから、活動をスタートさせてほしいと思います。

地震や集中豪雨などの災害が起こったときに、すぐに現地に駆けつけ、ボランティアを行いたいという気持ちは素晴らしいと思います。ただし、自分の都合だけで行動すると、かえって相手の迷惑になることもあり得ます。必ず自治体や世話人など被災地と連絡をとり、指示に従うようにしましょう。

ボランティア活動紹介のＨＰ（https://activo.jp/）には、

◆障害のある成人の余暇活動のサポーター
◆在住外国人の生活支援や地域との共生を支援する
◆アフリカの人々にオンラインで日本語を教える
◆児童養護施設で学習指導のお手伝い
◆保護犬や障害のある犬の世話

など、幅広いボランティア活動が紹介されています。なかには、ベンチャー企業や個人事業主にビジネス上のアドバイスやコンサルティング活動を行うなど、**ビジネスマン時代の経験をフルに生かせるボランティアもある**ようです。

活動エリアや年齢（シニア）などの条件で検索してみて、これはという活動があったら、すぐに連絡をとってみましょう。ボランティア活動においても、始めるときの鉄則は、ともかく第一歩を踏み出すことに尽きます。

ペットの飼い主になれる保護犬、保護猫の里親

　ペットブームと言われて久しく、今やペットを飼うのはライフスタイルの一つとして、すっかり定着した感があります。ペットフード協会の統計では、現在、約5人に1人がイヌを飼っており、ネコの飼い主は約6人に1人。もちろん、両方飼っている人もいるでしょう。

　仕事をやめて、なんとなくさびしい。通勤の必要がなくなり、運動不足になるからなど、さまざまな理由で、定年後、ペットを飼い始めるシニアも少なくないようです。

　でも、ペットショップをのぞくと、かわいい子イヌ、子ネコにつけられた価格は最低でも20～30万円はして、犬種、猫種によってはそれ以上も珍しく

ないというのですから、年金暮らしではそう簡単に手が出ません。

そんな人に、ぜひ、おすすめしたいのが「保護犬・保護猫」の里親になるという選択です。ペットブームの陰で、年間約58000匹ものイヌやネコが保健所や動物愛護センターに持ち込まれ、14000匹が殺処分されているのが日本の現実。「日本の」と特記したのは、欧米では殺処分はほとんどないからです。ドイツでは「0」とはっきり明示しています。

保護犬、保護猫の里親になることは、かわいそうな運命をたどるイヌ・ネコを1匹でも減らすことにもなるわけです。

里親になるには、近くの保健所などに連絡をとるのがいちばん手近な方法でしょう。あるいは「NPO法人　犬と猫のためのライフボート」（https://www.lifeboat.or.jp）などの保護団体（シェルター）を調べて、希望に合ったイヌ・ネコを探す方法もあります。

ただし、イヌもネコも生きものだということを忘れないでください。餌も食べれば、イヌならば毎日の散歩が必要です。

寿命はイヌもネコも十数年。その間、病気にもなればケガをすることもあるでしょう。医療費は全額自己負担（ペット保険もあるが、現段階では加入率はあまり高くない）。概算で、イヌは1か月1万円強、ネコは1万円弱（いずれも医療費込み）ほどの費用がかかることも折り込んで、慎重に考えてから行動に移すようにしましょう。

実は、保健所などに持ち込まれるイヌ・ネコの大半は、元の飼い主が持ち込むというから驚きます。最後まで、一つの生命を預かるのだという責任感を持ち続けてほしいと切望します。

その自信がないなら、飼う資格はないと、はっきり断言しておきます。

第4章

探せばある！　お金を得る方法

定年後も仕事を続けている人は多い

人生90年時代、あるいは人生100年時代と言われるように、人生が長くなった現代では、定年後もまだまだ長い人生が続いています。この長い人生の後半をどう生きていくか、誰もが迷うところでしょう。

とりわけ、仕事を続けていくか、のんびり暮らすかは大きな選択で、どちらを選ぶかで、まるきり正反対の道を進んでいくことにもなるのです。

総務省の「労働力調査年表」のデータによると、2022年は「60～64歳」では約7割が、「65～69歳」は5割の人が何らかの仕事をしています。

国民年金ばかりか厚生年金まで支払い開始年齢が65歳に引き上げられたため、それまで勤めていた企業と再雇用契約をして同じ会社やグループで働いている人が急速に増えているのでしょう。

一方、年金だけで暮らす60歳以上の世帯は毎月４～５万円の赤字を出しているというデータもあります。

せめて、この赤字分だけでも「働きたい」と思うのは当然と言えるかもしれません。少し前の電通総研の調査によると、60代前半では「定年後も働きたい」と思う理由は「家計・生計のため」がトップで約６割。シリアスな現実が見えてくるようです。

一方、「元気なうちは働くのは当たり前」と答えた人が約5割もいますし、「健康維持のため」という答えも約４割もありました。

生涯現役とまではいかなくても、元気なうちは働きたい。そして、少しでも収入を得たい。そう考えるのが普通になった時代と言えるかもしれませんね。

老後も働き続ける、お金以外の大きな〝報酬〟

「人はパンのみにて生きるにあらず」は本当です。お金以外を目的に働いている人が想像以上に多いことも注目されます。

シニアに、「定年後も仕事を続けていて、よかったと思うこと」を聞いた調査では、「社会とのつながりを維持できている」「健康を維持できている」「世の中の役に立っている」という精神的な喜びが、「趣味やレジャーなどに使えるお金が増えた」「定年前と同じ所得を維持できている」など金銭面での働きがいを上回っているのです。

子どもの教育や住宅ローンといった人生で最も大きな出費から解放される老後は、仕事本来の喜び、満足感を追い求められる世代でもあるのですね。

同調査で、老後の理想の働き方を聞くと、男性は60代前半・後半ともに「今まで培ってきた専門能力や知識を生かして働く」が多く、以下、「給与は少ないけれどのんびり働きたい」「趣味を生かした職業につきたい」など。女性は「給与は少なくても、のんびり働きたい」という答えが多数でした。「できれば自分の専門知識や経験を生かした仕事をのんびりペースでやり、社会とつながり、世の中の役に立ちたい。さらにお金を得られると、うれしい」というあたりが、一般的なイメージになるでしょう。

幸い、今は大変な人手不足時代で、さまざまなジャンルで、まさに「猫の手も借りたい」状況です。経験豊富で、人生を生きる知恵にもすぐれたシニアが本領発揮できる時代と考えることもできそうです。

「仕事を続けたい」という気持ちが少しでもあるならば、「もう年だからダメ」ではなく、「年だから自信がある！」と発想を切り替えて、積極的に仕事探しにチャレンジすることをおすすめします。

趣味を生かして、ちょこっと稼ぐ

「定年退職したとはいえ、まだ若い、体力もある、お金は欲しい」という人がよく思いつくのが「手打ちそばの店」の営業です。

でも、飲食店は、2年以内に約50％が廃業に追い込まれるという厳しい現実をご存じですか。そうしたリスクを冒し、人生で最初で最後の、まとまった収入である退職金を使い尽くすようなことだけは避けるべきでしょう。

それよりも、趣味を有効利用して、ちょこっと稼ぐ方法を探すほうがずっと安全で、なおかつ楽しいのではないでしょうか。

月に数万円程度余分に入ってくれば、老後のプラスαとしては十分。それを全部、お小遣いにできるとすれば、かなり懐はうるおうはずです。

以下、いくつかの例をご紹介しておきましょう。

◆**レンタカーの回送ドライバー**＝運転好きの人にはうってつけのアルバイト。乗り捨てのレンタカーを回収し、拠点店舗まで運転する仕事です。1回4000円ぐらいから。さまざまな車種に乗れることもけっこう楽しいそうです。

◆**囲碁・将棋教室の講師**＝学童保育や地域の児童館などで、子どもたちに囲碁や将棋を教える仕事です。時給900円前後。公民館などの張り紙に注意していると、ときどき募集しています。

◆**読書レビューを書く**＝ネット上のレポート、感想などを書く仕事を斡旋するサイトがあります。代表的なのが「クラウドワークス」（https://crowdworks.jp）。アクセスすると、実にさまざまな仕事があることに改めて驚かされます。会員登録をすませ、仕事を受注する項目をチェックすると、募集中の仕事の一覧が開示されるので、希望するところにアクセスすればＯＫ。ギャランティから「クラウドワークス」に５～20％程度の手数料を支払う仕組みです。

◆**グリーンアドバイザー**＝植物の育て方についての正しい知識や、園芸・ガーデニングの魅力や楽しさを伝えることのできる人に与えられる称号で、日本家庭園芸普及協会が資格認定しています。この資格を取ると、園芸店やホームセンターで資格手当付きで働けます。資格取得のための勉強は、ネットや通信教育でも可能。

◆**ガーデニングや剪定《せんてい》**＝地域のシルバー人材センターで募集しており、採用されれば１回５０００～６０００円程度の高い収入が得られます。

ほかにも、利き酒師の資格を取ってスーパーなどのお酒コーナーでアドバイザーとして働いたり、屋根や扉の簡単な修理やペンキ塗りなどで時給３０００～５０００円程度稼ぐなど、シニアがちょこっと稼ぐ方法はまだまだあるはずです。

60歳でパソコン、82歳でアプリを開発

前にも触れたように、私は、パソコンはシニアライフの必需品だと考えています。

でも、アプリの開発まで手がけるおばあさんが現れるとは！

若宮正子さんは、２０１６年から iPhone のアプリ開発を始め、17年にはゲームアプリ「hinadan」を開発。６月にはその功績が認められて、アメリカのアップル社の世界開発会議「ＷＷＤＣ２０１７」に招待されました。

一躍注目を浴びるようになった若宮さんは、日本政府の「人生１００年時代構想会議」に招かれたり、２０１８年2月には国連の基調講演を行うなど、今では活躍の場をさらに大きく広げています。

ゲームアプリなので、「hinadan」がダウンロードされるごとに、若宮さんの手元にはそれなりの収入がもたらされます。でも、若宮さんを突き動かしているのは名声やお金ではなく、「モノ作りの楽しさ」の一言に尽きると語っておられるとか。

若宮さんがパソコンを始めたのは、定年を迎えた60歳から。家庭で買える価格帯のパソコンがようやく発売された、そんな時代だったそうです。

「パソコンを教えてくれる教室などなかった時代。仕方なく設定方法から使い方まで、すべて独学。3か月もかけてインターネットに接続できたときのうれしさといったら」

そう言って微笑む若宮さんは普通高校卒。大手銀行に入行すると、結婚はしないまま定年まで勤め、**「すべての時間を自分の思い通りに使える」待望のリタイア生活**に入ります。

若宮さんがパソコンを始めた陰には、もう一つ理由がありました。定年後、少しした頃、お母さんが認知症になって介護が必要になり、何もできない時期が続いたのです。でも、パソコンがあれば家から出なくても何でもできる。そう思い、パソコンと共に過ごす時間が増えるにしたがって、ますますパソコンのスキルに磨きがかかっていったというわけです。

やがて介護が終わると、75歳からピアノも習い始め、同じ頃から自宅でパソコン教室を開きます。81歳からプログラミングを始め、81歳で「hinadan」を完成と、若宮さんの定年後の人生はパソコンをきっかけにどんどん開けていったと言えるでしょう。

「hinadan」開発にチャレンジした動機は、若宮さん自身がゲームを楽しもうとしたとき、シニア向けのゲームソフトがないことに気づき、「ないなら作っちゃえ」と思ったことからだったとか。見習いたいものですね、この軽やかなノリ。シニアになってもノリのよさは大事です。

そして、ついに81歳で大きな結果を出した若宮さん。

「日本では年をとることはマイナスになるという意識が強いけれど、それっておかしいですよ。年をとれば、それなりのものがたまってくるはず。そうして蓄えてきた知識や経験をフルに活用していけるのですから、年をとるって全然マイナスなんかじゃないと思います」

若宮さん精神をもってすれば、今からでも新しい道へのチャレンジは必ずできるはず。まずは好きなことを見つけ、熱中してみることです。その結果がお金に結びつく可能性は小さくないと思います。

眠っていた昔のおもちゃが売れた！

断捨離をしたところ、独立して家を出ていった子どもの部屋から古いおもちゃが出てきた、という経験はありませんでしたか。

一瞬、懐かしく思うものの、孫の世代は全然知らないキャラクターだったりして、もう誰も見向きもしないだろうと捨てようとするなら、ちょっと待って！

昭和のレトロチックなおもちゃは熱烈なコレクターがいることがあり、驚くほどの高値で売れたりするのです。

でも、「どこに持っていけば売れるのかわからない」という声も聞こえてきます。

こういうときは、ネットを最大限利用するのが手。ヤフーオークション（ヤフオク）やメルカリなどを利用すれば、たいてい買い手を見つけられます。

ヤフオクは、ヤフー・ジャパンが展開しているオークションサイトで、より高い価格で入札した人が落札し、商品を手に入れるシステムです。

メルカリは、スマホ専用のフリーマーケットで、サイトをのぞくと、文字通り、ありとあらゆるものが出品されています。

ヤフオクはオークションなので、最も高値をつけた入札者が商品を購入できるシステム。一方、メルカリはフリーマーケット形式なので、商品の金額は出品者が提示した金額より上がることはありません。購入希望者から値下げ交渉があれば、価格が下がることがあるというシステムです。

地域によっては、公園の一角などで、ときどきフリーマーケットが開かれています。多少の出店料がかかったりもしますが、一度、出店するとやみつきになる人が多いそう。最大の理由は、買い手とのやりとりの楽しさにハマってしまうからだとか。

昭和のおもちゃだけでなく、食器、もう着ない服や使わないバッグ、いただいたけれど使うチャンスがなさそうなものなど、「こんなものでも？」と思うものが意外に人気だったりすることがあるようです。

そのうえ、ちょっとしたお小遣い稼ぎになれば一挙両得。ものは試し、まずは経験と、一度フリーマーケットで出店してみるのも面白そうですね。

現役時代の知識や経験を生かす

都内の住宅地を歩いていたら、ごく普通の住宅に「健康茶話サロン」という小さな札が下がっているのが目に留まりました。

そっと扉を押して入ってみると、リビングルームだったと見えるスペースにテーブルとイスがいくつか並んでいるところで、80歳近い人が「独りシニアの食事」について話しているところでした。

この女性がサロンの主催者Yさんです。

話が一段落したところで「健康茶話サロン」について伺ったところ、そこはYさんの自宅だとわかりました。

定年まである区の健康指導員として活躍していたYさんは、各地で健康指導に当たっているうちに、多くの人は健康な暮らし方について強い関心がありながら、偏った知識に振り回されていることに気づいたそうです。そこで定年後は、主にシニアを対象に「健康づくりに関する正しい知識を持ってもらう場」をつくりたいという夢を思い描きました。

でも、ご主人の反対で断念。３年前ご主人が亡くなられ、抜け殻のような日々を過ごすうちに、定年の頃に抱いていた夢を実現しようと思い立ち、１年前からサロンを開いたそうです。

始めは近所の人が2人、３人と集まる程度からスタート。やがて口コミでサロンの存在が広がっていき、私がのぞいた日も12人という盛況ぶり。現在は週2回開催しています。

経費は、コーヒー好きのＹさんが厳選した豆をその場で挽いて淹れたコーヒーが３００円。その日の話題に関する資料代が２００円。

これではＹさんの手元にお小遣いの足し程度が残るかどうかですね。でも、自然に友だちが増える楽しみプラス、人前で話をするために情報を集めたり整理したりすることで自分を磨いていけるという、二つの大きな収穫を得て、Yさんは「思い切ってサロンを開いて本当によかった」と、しみじみ幸せを感じているそうです。

「昔取った杵柄《きねづか》」という言葉があります。以前、抱いた夢があったら、もう一度、その実現にトライしてみませんか。

空き部屋を利用して大家さん業

子どもが独立した後、子ども部屋が空いたままになっているという家は少なくないでしょう。

東京郊外に住むOさんは数年前にご主人を亡くし、以前は家族四人で住んでいた家に、一人取り残された思いに耐えながら暮らしていました。

そんなある日、長野の実家から、「知り合いの子どもが東京の高校に通うようになったので、下宿させてくれないか」という話が持ち込まれたのです。大学受験を視野に入れ、高校から上京して、いわゆる進学校に通う学生もいるのですね。

Oさんは、人の役に立てればという気持ちから、この話を受けることにし、子ども部屋として使っていた2階の2間とトイレの脇の納戸をシャワー室などにリフォーム。数十万円の費用がかかったそうです。

そのうえで、知り合いの子どもさんだけでなく、近所の不動産屋にも声をかけて、予備校に通う学生をもう一人引き受けることにしました。

部屋代は押し入れをリフォームしたクローゼット付き10畳大の1部屋で4万円。やや安めですが、玄関が独立していないなどのデメリットもあり、まあ、妥当なところでしょう。

リフォーム代は1年間の部屋代で帳消しになり、以後は毎月8万円が確実に入ってきます。正直なところ、夫の死後、遺族年金だけではかなり厳しかったのですが、この部屋代のおかげで大助かり。老後の8万円は大金です。

今の人は独立したアパートかマンションでないと借りたがらないのでは、と考えがちですが、家賃が安ければ助かるという人もちゃんといるのです。

空き部屋がそのままになっていたとしたら、もったいない。不動産屋に相談を持ちかけてみれば、専門家ならではの知恵がきっとあるはずです。

リフォームが必要なら、実際にそのコストを割り出して検討すると、Ｏさんのケースのように2年目からは収入として見積もれるといった、具体的な展開が見えてくるでしょう。

家賃収入を得るというと、マンション投資など大きな資金が必要だと考えてしまいますが、空き部屋を活用するという〝小さな不動産投資〟もあることを知っておきましょう。

『大家さんと僕』というベストセラーをご存じですか。

漫画家であり、カラテカというお笑いコンビの一員でもある矢部太郎さんの作品で、都内の木造一軒家に住む80代のおばあちゃんとその家の２階を借りた矢部さんの心温まる交流を描いた作品です。

2階を借りた矢部さんに、世話好きの大家さんは、今どきでは考えられないような心づかいを示してくれます。たとえば、雨の日には矢部さんの洗濯物を取り入れただけでなく、たたんでおいてくれたり、「おはぎを作ったから」と声をかけてくれ、二人でお茶を飲んだり。手をつないで買い物にも行くようになります。ついには、戦時中、特攻基地が置かれた鹿児島県の知覧《ちらん》へ一緒に旅行にも出かけます。

これ、すべて実話です。二人の交流からは、ほっこり温かなものが伝わってきて、なんともやさしい気持ちになってきます。

家賃が入ってくるだけでなく、こんな心温まる人間関係が期待できるとしたら、ひと膝乗り出す人もいるかもしれませんね。

でも、なかにはとんでもない間借り人もいないとは限りません。そうした場合も考えに入れ、話を進めるときは必ず不動産屋を介在させることをおすすめします。

竹とんぼやお手玉などの民芸品は売れます

「道の駅」など観光地にあるお土産物屋さんで、並べられている民芸品にちょっとした〝異変〟が起こっていると聞きます。

これまでは、東南アジアなど加工賃の低いところで作られたものが多く、価格も安いものが人気を集めていましたが、最近は、日本で手間ヒマかけて作られた〝本物〟の民芸品のほうがよく売れるのだそうです。

聞けば、〝本物〟のほうは地域のシニアが一つひとつ心を込めて作っているものばかり。竹とんぼなどの工芸品も一つずつ微妙に羽の削り方が違っていたり、左右の羽の大きさが多少違っていることがあるなど、機械的に作られている海外生産品にはない味わいが感じられるからでしょうか。

茨城県のある町では、放課後の教室を使って、土地のシニアが子どもたちに、竹とんぼや凧、お手玉の作り方、遊び方などを教えています。

教えているうちに、昔ながらの手作り遊具を作る楽しみにハマってしまった有志が集まって、民芸品などを作り続けていたところ、誰かが何気なく「売れたらいいね」と言い出したそうです。

そこで、地元の朝市に出してみたら、想像以上の売れ行きではありませんか。すっかり気をよくした仲間はツテを通じて「道の駅」にも出品。最近は近所のお土産店からも声がかかり、週に2、3度、みんなで集まってはさらにモノ作りに励んでいます。

刺し子やこぎん刺しなどの凝った作品もあり、それを見た仲間のお子さんの「ネットで売ったら」という助言から、最近はネットにも出品。これも予想以上に好評で、つい最近、売上金を貯めたお金で、仲間そろって温泉旅行を楽しんできたそうです。

本棚に〝お宝〟が眠っているかも

若い頃に読んだ本が残っていたら、チャンスかもしれません。

本を売るというと、どの本も同じ価格で引き取るシステムの「ブックオフ」あたりが一般的ですが、神田の古本屋街などを歩くと、それぞれこだわりを大切にしている古書店がまだまだがんばっていて、ジャンルによってはただの古本が〝お宝〟に化けることも珍しくありません。

こんなものがこれほどの高値で!?　とびっくりするものの代表が昔のアイドル本や雑誌。昔々、アイドルのファンだった人は、実家の納戸などを探してみるといいかもしれません。

『鉄腕アトム』（手塚治虫）、『リボンの騎士』（手塚治虫）、『ベルサイユのばら』（池田理代子）とか『こちら葛飾区亀有公園前派出所』（秋本治）、『巨人の星』（梶原一騎、川崎のぼる）、『ゲゲゲの鬼太郎』（水木しげる）、『天才バカボン』（赤塚不二夫）など、懐かしい、でも今も大人気のコミックは、状態がよく、全巻そろっていれば、けっこうな高値を期待してもよさそうです。

換金価値の高いこうした本を探しがてら、納戸や押し入れの奥をひっくり返していると、実はもう一つの〝お宝さがし〟にもなります。

それは、昔の自分の愛読書に出会うこと。すっかり忘れていたかつての愛読書に再会したら、ゆっくり時間をかけて、もう一度読んでみませんか。旧友に出会ったような喜びが込みあげてくるものです。

若いときとは違った感慨が湧いてきたり、より深い理解ができるようになり、改めてその本や著者にハマったら〝めっけもの〟。そのテーマの関連本をどんどん読んでいったり、著者のデビュー作から順に作品を読破していくなど、新たなページが開かれ、老後の日々が充実感に満たされるでしょう。

第5章

老後の健康は節約につながる

健康でいることがいちばんの〝節約〟

老後に関して気がかりなことを尋ねると、どの調査でもトップは「健康不安」です。年をとると誰でも多かれ少なかれ、体力、気力の衰えを感じるようになりますが、これは当たり前、ごく普通の変化だと受け止めましょう。

しかし、明らかに体に異常を感じたり、ケガをすると、痛みなど苦痛に悩まされるだけでなく、待ったなしの出費に迫られることもあり、それまで節約してきたのがバカバカしくなってしまいます。

老後、目指すべき最高・最大の〝やりくり〟は、できるだけいつまでも健康でいること。「健康寿命を延ばすことに尽きる」と言えます。

健康寿命とは、自立した生活ができる期間を言います。平均寿命を延ばすことも大事ですが、それ以上に健康寿命を延ばし、人生の最終ステージまで自分の力で、自分が望むように生きていくのが、目指すべきベストな姿です。

健康寿命を延ばす努力は老後の前から始めることが、最大のポイント。ほとんどの病気は、食生活や運動をきちんとするなど、若い頃からの生活習慣で防げます。ある程度、親から体質を受け継いでいることは否定しきれません。親が血圧や血糖値が高い場合は、若い頃からきちんと健康チェックを受け、早期発見を心がけましょう。

時には反面教師になることも含めて、親は健康寿命を保つための指針を示してくれる存在です。同じような体質を受け継いだ場合であっても、親には感謝すべきと考えましょう。

そして、健康づくりの最大のカギは、小さなことにイライラしないで、明るく大らかな気持ちを持ち続けること。毎日、大きな声で笑って過ごすこと以上の健康法はないと言ってもいいくらいです。

健康ブームという不健康な流行に踊らされない

いつまでも元気でいたいという気持ちはわかりますが、それにしても最近のシニアの健康熱はオーバーヒートぎみです。

シニアが何人か集まると、「オレ、ヘマトクリットが……」とか「ロコモティブシンドロームには気をつけないとね」などと聞きなれない言葉を交えた健康話に熱中し、口々に、自分がどんな努力をしているかを自慢げに話しているのです。

もちろん、健康への関心が高いことが悪いわけはありません。でも、何事も「過ぎたるは及ばざるがごとし」。若い人と変わらないボディを目指して過重な筋トレに励んだり、修行僧のような厳しい顔で黙々と歩き続けたり、血圧や脈拍を日に何度も計り、わずかな上がり下がりに眉をひそめるなど、ひたすら健康づくりに熱中する様子には、逆に「ちょっと待って！」とストップをかけたくなってしまいます。

これまで何十年も使い続けてきた体なのです。少々ガタがくるのはむしろ自然ではないでしょうか。必要以上に検査数値を気にしたり、若さにこだわるのはやめにして、「年齢相応」の健康を目指しましょう。

健康書の草分けと言われる『養生訓《ようじょうくん》』で、貝原益軒《かいばらえきけん》は健康に生きる秘訣として、「病気のことをくよくよと考えすぎないこと」「病気になっても適度な休養をとって自然に治るのを待つこと」「薬を飲まないで自然に治る病気も多い。……たいした理由もなく薬を飲むと反対に体のバランスを崩し害になることもある」などと説いています。

食事についても、健康に悪いからと「あれもいけない」「これも控えよう」では、味気ないだけ。暴飲暴食は控えなければいけませんが、ほどほどに食べたいものを食べ、お酒が好きならば適度に飲んで心を楽しませる。そのほうがかえってストレスがかさまず、体にいい結果をもたらすとも考えられます。

益軒は「人生を味わい、自分がしたいことをして楽しむために、健康で元気でいる。そのために養生するのだ」と述べています。健康づくりそのものが目的化していないかどうか、じっくり考え直してみましょう。

薬の欲しがりすぎ、飲み忘れは大きなムダ

今、薬を何種類、飲んでいますか？

こう聞かれて、すぐに答えられる人は優等生。シニアの多くは、ごそごそと薬の袋を取り出して、いかにたくさんの薬を出してもらっているかに改めて気づくものです。

厚労省の調査によると、75歳以上の約４人に１人が7種類以上の薬を使っているそうです。これだけ多くの薬を飲んでいると、薬価がかさむだけでなく、怖いのは、ふらつきや物忘れ、うつ、せん妄、食欲低下などの副作用が出るケースがあることです。

現在、日本の医療費は驚くほどふくれ上がり、慢性的な赤字財政の中で、

国の予算を大きく圧迫しています。

その大部分が高齢者医療に充てられており、しかも日本のシニアはとかく医者好き、薬好きです。高齢者の家を探すと、かなりの量の飲み忘れ・飲み残しの薬が出てくることが多く、この残薬だけで年間５００億円以上に上ると推算されています。

もちろん、必要な薬はきちんと飲まなければいけませんが、普段から以下に気をつけ、医療費のムダをなくすように心がけたいものです。

◆むやみに薬を欲しがらない。
◆薬はなるべく5種類までを目安にする。

薬を処方してもらうときには「お薬手帳」を提示して、同じ効能の薬が重なっていないか、多種の薬で飲み合わせによる副作用が出ないかどうか、などをチェックしてもらうようにしましょう。

◆処方された薬はきちんと使い、自分の判断でやめない。飲み忘れに気をつける。

これも大事なこと。薬によっては飲み忘れは危険です。

あまりに多くの薬を飲んでいると、飲み忘れも増える可能性が高くなります。その意味からも、薬の種類を増やしすぎないように気をつけるようにしましょう。

玄米を食べてサプリメントはいらない

日本人が好きなものに、もう一つ、サプリメントがあります。最近はテレビも新聞や雑誌も、グルコサミンやコンドロイチン、オルニチンなどサプリメントの通販広告の大洪水です。

「現在、サプリメントを飲んでいますか」という問いに「イエス」と答えた人は4割以上。「ほとんど摂ったことはない」は37%。サプリメントを摂る理由の第一は「日頃の栄養不足を補うため」。2番目の理由も「バランスのよい食事が摂れないので、改善したい症状があるから」。

サプリメントのたくさんの広告を目にしますが、普段の食生活では栄養バランスがとれていないという不安心理から生まれたものと言えるかもしれません。

サプリメントを飲んでいる人の３人に１人は、２種類以上のサプリメントを摂っており、なかには「10種類以上」飲んでいる人も１・７％いて、サプリメントに使うお金もバカにならないのではと案じられます。

サプリメントの効果を否定するわけではありませんが、現在の豊かな日本の食生活を見れば、バランスのよい食事をきちんと摂っていれば、栄養不足になる心配はあまりないと言ってよいと思います。

夫婦二人だけ、あるいは一人暮らしで、つい食事は簡単にすませてしまうことが多いなら、主食を玄米に変えてみてはいかがでしょうか。玄米は白米よりもビタミン、ミネラル、食物繊維など、健康を保つために必要な栄養素のほとんどを豊富に含んでおり、完全栄養食と言ってもいいくらいです。

よく栄養バランスを保つためには「１日30品目以上食べないといけない」と言いますが、これは白米を食べている場合で、玄米ならばそこまでの品目を食べなくても栄養バランスは保てます。

宮沢賢治の『雨ニモマケズ』の詩の中で、「一日に玄米四合と味噌と少しの野菜を食べ……」は、むろん質素な食事を指していましたが、主食が玄米だったので、これで栄養的にはある程度足りるレベルだったのです。

玄米をよくかんで食べると歯も丈夫になり、脳を活性化する効果も期待できます。

ちょこっと野菜は庭やベランダで育てる

「このコ、うちで採れたんですよ」

と言って、お隣のご主人が見せてくれたのは1本のゴーヤ。そういえば、お隣では毎年、窓の外に「緑のカーテン」を作っているのでした。

緑のカーテンとは、窓の外や壁面に張ったネットなどに、つる性の植物を這わせて茂った葉をカーテン代わりにして、日差しをさえぎって室内温度の上昇を抑え、省エネを期待する方法を言います。

緑のさわやかさと省エネ効果の両方を楽しめ一石二鳥。アサガオやトケイソウなら花を楽しめ、ゴーヤやキュウリ、パッションフルーツなどなら、実を食べる楽しさも加わります。

老後の一人か二人の少人数家庭の悩みの種は、食材が余ること。トマトやキュウリなど1個あれば十分なのに、つい数個入った袋入りを買い、使いきれなくて、結局、鮮度が落ちたものを食べたり、残ったものを捨てている人はかなり多いはずです。

それなら、**自宅で野菜作りに挑戦してみるのはどうでしょうか。**普段食べている野菜の多くはあんがい手軽に作れるもの。庭の隅でも、ベランダのプランターでも、驚くくらい簡単に栽培できます。

なかでも、ほとんど失敗なしで作れるのがミニトマトやナス、キュウリ、ラディッシュ、ミニキャロット、リーフレタスなど。オクラやシシトウもちゃんとできます。

採れたての**野菜は栄養効果も抜群。健康効果が大きく、何度か収穫できる**ことを考えると、経済的にもかなりのトクになるはずです。

庭やプランターの必要もなく、小さな植木鉢で栽培できるハーブもおすすめです。ルッコラやミント、ローズマリーなどなら窓辺に鉢を置くだけでどんどん育ちます。春先に苗を1つ買うと、次から次へと葉を伸ばし、1シーズンは十分楽しめるでしょう。

ハーブがあると、料理の風味が一段とアップするばかりか、いつもの料理がぐっとおしゃれになるなど楽しさが大きく広がり、豊かな食生活になります。

ちょっと疲れたら、窓辺のミントの葉を2、3枚ちぎってカップに入れ、熱いお湯を注いで、フレッシュなミントティをゆっくり飲んで一休み。南仏で暮らしているような気分を味わえそうですね。

いざというときの「かかりつけ医」

「どこの病院も、ものすごく混んでいて、長い時間待たなければいけない」

シニアの間では、よくこんな話になり、ため息が聞こえます。でも、シニアの側にも、ちょっとした考え違いがあるのではないでしょうか。

多くの人が、どこか具合が悪くなると大学病院など大きな病院で診てもらいたいと思い、電車やバスに乗ってでも都市部の大病院に詰めかけます。「大きな病院のほうが安心だ」という気持ちが非常に強いのですね。

しかし、医療の立場からすると事情は異なります。

病院も機能別に分けられ、大学病院などの大規模病院、市区町村ぐらいの範囲をカバーし地域の中核になる中規模病院、より小さな地域にあるクリニックと、それぞれ果たす役割が異なります。その役割を知って病院を使い分けるのが、最も賢明な病院のかかり方です。

現在、とくに深刻な病気がなく、高血圧や糖尿病などの生活習慣病がある程度ならば、近くのクリニックにかかりましょう。風邪や胃の調子が悪いなどの日常的な体調不良もこのクリニックへ。こうして定期的に通い、そのつどコミュニケーションをかわすうちに、医師はその人の体質や生活環境などを把握していきます。

そのためにも、かかりつけ医は歩いて行けるか、バス利用くらいの距離のところを選ぶのがベストです。ちょっとした不調でも気になるときは気軽に訪ね、相談できる関係性があると、医師が心配だと思うような症状がある場合は、大規模病院や専門病院に的確につないでくれ、最善の対応が得られます。

何でも大きな病院がいいと考えていると、そのうちに行こうと思いながら受診が遅れ、重症化しないともかぎりません。

最近は厚労省の方針で、大規模病院はクリニックの医師などの紹介状のない患者さんにはそれなりのハードルを設け、機能の使い分けを徹底しようとしています。つまり、かかりつけ医を通して、必要な場合は大規模病院につないでもらうというほうが、患者にとっても、病院側にとってもスムースに進めやすいと理解してください。

かかりつけ医は「内科」「循環器科」などを専門にしていることが多いものですが、ちょっとした不調なら、他の科の薬を出してもらうことも可能です。

70代後半のある一人暮らし女性は、腰痛に悩むようになり、眼科や耳鼻咽喉科など、それまで別々に通っていたクリニックに行くのが負担に感じられるようになってきました。そこでかかりつけ医に、各科で出してもらっていた薬を見せ、相談したところ、「うちでもお出しできますよ」とあっさり引き受けてもらえ、最近は、かかりつけ医のところで必要な薬をすべて処方してもらっているそうです。

もちろん、症状がひどくなれば、かかりつけ医は専門科の受診をすすめます。でも、軽い症状ならば一か所でだいたいのことはすむわけで、こういう対応もシニアにはうれしいものですね。

ソーシャル・ウォーキングのすすめ

ウォーキングを習慣にしたいと、老後の住まいを大きな公園の近くに決めた70代の一人暮らし女性がいます。さっそく、ウォーキングを始め、毎朝、公園を2周。その後、公園内のあちこちで行われているラジオ体操に参加して、さらにもう1周すると、万歩計は5000〜6000歩を示すそうです。シニアにとってほどよい歩数ですね。

結果は歴然。歩き始めて2年ほどたった最近では、街を歩いていても、旅行先でも、歩くことが苦にならず、体力的な不安は今のところゼロだとか。

でも、ときどき黙々と歩くだけのウォーキングがつまらなく感じられ、もっとワクワクするようなウォーキングはないだろうかと思っていたところ、ある雑誌で「ソーシャル・ウォーキング」という歩き方があることを知ったそうです。

ソーシャル・ウォーキングは、有酸素運動のウォーキングに社会参加を意味するソーシャルを組み合わせたもので、東京都健康長寿医療センターとユニ・チャームが開発しました。最大の目的は認知症予防です。

「ソーシャル」は人との関わりなので、楽しいことなら何でもＯＫ。たとえば、親しい人とおしゃべりしながら、買い物をしながら、花や鳥を探して、地域の歴史や自然に触れる名所めぐり、隠れた名店探し、ボランティア活動への往復など、ウォーキングにも多彩なバリエーションが考えられます。

知り合いの女性は、毎朝、ポケットにイヌのおやつを入れた袋をしのばせていました。そして親しくなったワンちゃんに、おやつをあげるうちに、イヌともその飼い主とも親しくなり、今では数分立ち話をする相手が何人かできたそうです。これも一つのソーシャル・ウォーキングと言えますね。

毎日欠かさず歩く必要なし

現在、シニアの2人に1人はウォーキングをしています。ウォーキングは特別な道具もいらず、いちばん手軽にできる運動なので、シニアの間でも人気が高いのでしょうね。

このウォーキング人口の多くは、毎日、1万歩ぐらい歩かなければならないと思い込んでいるのではないでしょうか。

「1日1万歩歩こう」は少し前までの話。シニアの場合は、これでは少し過重で、かえって健康にマイナスになると指摘されています。

最近は、普通の歩き方では筋力や持久力はそれほど向上していかないと考えられています。歩くのは週に3回程度でよく、そのかわり1回に20～30分、ちょっと負荷をかけた歩き方をするのが効果的だと言われてきています。
では、どんなふうに歩けばいいのかというと、おすすめの歩き方は次の二つです。

1 インターバル・ウォーキング

早歩き、普段歩きを交互に繰り返します。早歩きは普段歩きの10～20％の筋力アップ効果が期待できます。ただし、早歩きだけでは疲れるので、間に普段歩きを入れ、呼吸や膝への負担を軽くすることも必要です。

早歩き、普段歩きの長さは好き好き。シニアの場合は、早歩き3分、普段歩きはそれよりやや長めに、くらいがほどよいバランスだと言われています。

2 ノルディック・ウォーキング

２本の専用ポールを持って歩くウォーキング。スキーのノルディック競技・クロスカントリーのスキー法に似ているところから、この名がついたようです。

ポールを持つと背筋が伸び、バランスがとれた正しい姿勢になります。その結果、長年の間についた体のゆがみや歩行のクセを直すことができます。また、ポールを持つことによって腕や上半身のエクササイズにもなります。

消費エネルギーも普通のウォーキングの倍近くにアップし、１時間で４００キロカロリーとなり、ダイエット効果も高まります。

「気分がのらない」は休息のサイン

生身の人間です。どこが悪いというわけでなくても、「今日はなんとなく気がのらないなあ」という日もあるでしょう。

シニア世代はマジメ人間が多いのが特徴。「こんな日こそ、がんばろう」と自分をふるい立たせようとする人が多いのではないでしょうか。

でも、**シニアに必要なのは、自分自身の内なる声に耳を傾けること。**「気分がのらない」のには何かしら理由があるはずだ、と考えてほしいのです。熱っぽさとか血圧が上がったなどの具体的な変調がなくても、気分がのらない理由がきっとあるはずです。知らないうちに疲れがたまっているのかもしれませんし、体の微妙な変化の前触れであることも少なくありません。

「気分がのらない」のは、体や心からのメッセージだと理解し、その日はゆっくり休んで、様子を見るようにしましょう。

少なくとも、普段より時間を短縮するとか、ジムなどはいつものメニューより軽めに流す、くらいに止めるべきです。

「継続は力なり」と言い、休まず、こつこつ努力することがベストだと考えがちですが、若いアスリートのトレーニングでも「休むこと」は大事だという考え方が支持されるようになっています。

まして、年齢を重ねてからの運動は「休むこともトレーニングの一部」です。必要な休みをとらないと、心肺機能や筋力などをつかさどる機能が正しく働かなくなる可能性があったりもするのです。

ウォーキングに熱中しすぎて膝の関節がすり減ったり、スクワットをやりすぎて腰痛に悩むようになる例は、シニアには珍しくありません。シニアの場合、「これ以上はがんばれない」、つまり自分にとってマックスの運動量の半分がほどよい目安だと言われています。

また、運動、とくにウォーキングは朝行う人が多いようですが、これも常識の落とし穴。朝は体温が低く、血液がドロドロしている時間帯なので、血栓ができやすいのです。

起床後、少なくとも2、3時間たってからか、できれば遅めの午後から夕方にかけての時間帯なら、体温が十分上がっていて血液の状態もよく、最大の運動効果を得られるので、覚えておいてください。

短時間に熟睡で早朝に目が覚めても大丈夫

高校時代の友人から電話で、「最近、朝5時というと目が覚めてしまうんだ。といって、夜の9時なんかに床につかないしなあ。睡眠不足が心配なんだ」と相談を受けました。同じような悩みを持つシニアは多いのではないでしょうか。

結論から言うと、これはまったく問題なし。眠れないと問題だと悩む必要はありません。

一般に、年をとると睡眠時間が短くなるのはごく普通の傾向です。なぜか、「8時間眠らないといけない」という思い込みを持つ人が多いようですが、「8時間睡眠」には根拠がないうえ、8時間も眠れるのはせいぜい10～20代まで。**高齢になると活動量が減ってくるので、６時間ぐらい眠れば十分だと考えてください。**

しかも、シニアになると短い睡眠時間でも十分熟睡しているので、睡眠不足にはならないこともわかってきました。

早々と目が覚めてしまうが、家族がまだ寝ているので、じっとベッドの中にいる。これがつらいなら、目が覚めたら静かに、でもさっさと起き出し、朝の光を浴びてみましょう。

朝の光には体内時計をリセットする効果があるので、しだいに早朝覚醒が調整されていくことも期待できます。

寝つきが悪い、朝早く目が覚めてしまうというシニアの睡眠の悩みは、昼間のうたた寝や昼寝が原因していることも多いものです。

よくあるのが、寝転がってテレビを見ているうちにうとうとと寝入ってしまうこと。テレビは椅子に座って見る習慣をつける。それだけで、夜、寝つきがよくなったという例は少なくありません。

また、眠くもないのに、決まった時間だからとベッドに入るのも考えもの。実は、入眠しやすい時間の2～4時間前は、かえって覚醒力が高まる傾向があるのです。この時間にベッドに入っていると、いつまでも目が冴え、ますます眠れないというジレンマに陥りがちです。

「ベッドに入るのは本当に眠くなってから」と心がけているうちに「ベッドは眠るところ」という条件付けができあがり、ベッドに入ればすぐに眠れるようになっていきます。

お父さんを尊敬し、大事にすると寿命が延びる

最近は「百寿者《ひゃくじゅしゃ》」、１００歳以上の寿命を誇る人が増えています。

しかし、世界には３５７人に１人が１００歳以上という驚くべき長寿率を実現している地域があります。イタリアのサルデーニャ島・バルバギア地方です。

サルデーニャ島は地中海に浮かぶ小さな島で、人口は１６５万人。夏はかなり暑くなりますが、冬は温暖で過ごしやすい気候です。バルバギア地方は岩だらけで谷が深く切り込んでいる地形で、大規模な農業はできず、地域の人は今も歩いて畑に行き、ほとんど手作業で仕事をしています。

畑だけでなく、どこに行くのも歩いて行くのが基本です。ちょっと友だち

に会いに行くのも30分歩く。もちろん帰りも30分歩く。しかも丘陵地なので、けわしい傾斜を上がったり下りたり。こうした繰り返しで自然に足腰が鍛えられるのでしょう。

食生活は今も伝統的なスタイルが守られており、パンは全粒粉パン。自分の畑で採れた野菜をふんだんに食べ、たんぱく源は豆とヤギのミルクやチーズ。ヤギのミルクは牛乳よりもカルシウム、ビタミン、カリウムが豊富で、とくにサルデーニャ産のヤギのミルクにはアルツハイマーなどの老化現象を防ぐ成分が含まれているそうで、なるほど、認知症が少ないわけだとうなずけます。

食卓には必ず赤ワインが並べられるのも昔からの習慣。強烈な太陽が降り注ぐこの地方のブドウは特に赤い色素が多く、このブドウで造られたワインは他のワインの2、3倍も抗酸化効果が強いそうです。その効果で脳出血や心筋梗塞などの血管系のトラブルが少ないのでしょう。

世界には、ほかにもサルデーニャ島に負けないくらいの長寿地域はあります。日本も世界有数の長寿国ですが、日本の百寿者の90％近くが女性というように、世界的には、長寿者と言えば圧倒的に女性優位が当たり前です。でも、サルデーニャ島では、元気な男性の長寿者が多いのです。

その理由を、サルデーニャ島はじめ世界の長寿地域を長年取材してきた、アメリカの「ナショナルジオグラフィック」の記者はこう分析しています。

「サルデーニャ島では今も家族第一に生きる人が多く、とくに男性は、家族のために強い責任感を持って働いていること。また、そうした男たちに家族は深い感謝と尊敬を注いでいるからではないか」

家族を生きがいにする。その家族が自分を尊敬し、かぎりない愛情を注いでくれる。こうした満足感がサルデーニャ島の男性をいつまでも元気で長生きさせる力の源泉になっていると考えられるのです。

私の印象では、日本のお父さんは、家族のために一生懸命働いてきた割には尊敬が足りないのでは？　と感じられます。

サルデーニャ島のように、家族でお父さんを尊敬する気持ちを大事にし、それを言葉で表すようにしていきましょう。すると、日本でも、長寿のお父さんがもっともっと増えるのではないでしょうか。

第6章

簡素な暮らし、心地よい生き方

一人の時間を心静かに楽しめる大人になる

「ご家族は？」と尋ね、「一人暮らしなんですよ」という答えが返ってきたとき、つい反射的に、「それはおさびしいですね」とか「それは心細いですね」と言ったりしていませんか。

「こう言われるのは不思議なんですよね。一人暮らしはけっこう快適なのに」クリニックに見えたある人が、なんとも理解しがたいという表情を浮かべていました。

日本人は、一人はさびしい、家族に囲まれた暮らしが理想だと思い込んでいる人が多いのですね。私も不思議に感じます。

もちろん、家族や友だちに囲まれた賑やかな時間は楽しいものです。でも、そういう時間と同じくらい、孤独も人生には大切な時間だと思うのです。

とくにシニア期に足を踏み入れたら、ときには一人になり、自分自身と向き合って対話し、これまでの人生、まだまだ続くこれから先の人生を心静かに展望する時間を持つことは大事です。

いつもまわりに人がいて、その人たちと調子を合わせることに慣れてしまうと、本当の自分を見失いがちになります。そのうえ、まわりの人に囲まれながら「誰も私に関心を持ってくれない」「誰も私を理解してくれない」と実感するときほど、孤独感が深まることはありません。

でも、そうであるからこそ、**あえて一人の時間をつくることによって、まわりの人の存在のありがたみを実感したり、一人でいる心地よさをかみしめることができるのだとも言える**でしょう。

一人に慣れていると原則的に人に依存しないので、まわりの人の言動にいちいち振り回されることもなくなります。

心身ともに一人で凛と過ごすことができる。でも、友だちや仲間とも和気あいあいと時間を過ごせる。その両方ができてこそ、初めて、本当に自分らしい生き方が身についていくのではないかと思います。

そして、そういう人を「本物の大人の人間」と言うのではないでしょうか。

ある友人は子育てを卒業して、今は奥さんと二人暮らし。ちょっとからかいたくなるほど仲のよい夫婦ですが、最近はときどき、それぞれ一人の時間を楽しむようになったそうです。

「こうして、それぞれが一人の時間を過ごすと、自然に、共に暮らす相手があることがありがたく感じられるようになるから不思議」と夫婦、顔を合わせて笑っています。

「夫婦といっても別人格だからな」が口ぐせで、音楽好きのご主人は演奏会やオペラ鑑賞三昧。古い建造物に興味がある奥さんは都内の明治・大正時代の建物めぐりにハマっているとか。

以前はお互いの趣味に合わせて二人で出かけることが多かったそうですが、最近は、それぞれ好きなように出かけるようになっています。

そして、一人時間を過ごした後は、なぜだかモーレツに二人で一緒に過ごしたくなり、駅から相手に電話をかけて、外食や外飲みを楽しむことが増えたそうです。

わざわざどこかに出かけなくても一人で図書館に出かけたり、夕方、一人で散歩をしたりと、日常生活のなかでも一人の時間はいくらでもつくれます。

「孤独を味わうことで人は自分に厳しく、他人にやさしくなれる。いずれにしても、孤独は人格を磨いてくれる」

ニーチェはこう言っています。

一人暮らしならば、この暮らし方が人格を磨いてくれるのだと考えるようにし、家族と一緒の暮らしならば、ときどき、あえて一人になり、自分自身をしっかり見つめる時間を持つことをおすすめします。

一人暮らしの不安はサポート体制で解消

一人暮らしだから「不安でたまらない」という人が多いのは、孤独死という言葉が過剰なほど騒がれているからではないかと思います。

人は誰も、死ぬときは一人です。誰も一人で生まれ一人で死んでいく。これが宿命です。だから、一人で死んでいくことを過剰に恐れていても、本質のところはどうしようもありません。

孤独が恐いのは、一人で死んでいくことではなく、急病になったり、一人で死んだ後、すぐに気づいてもらえないかもしれないという強い不安があるからでしょう。

そうであるなら、そのリスクを最小限度にしようと発想を切り替え、生活環境や近隣との人間関係を整えるなど、必要な対策を淡々と講じておけばいいのです。

たとえば、高齢者の安否確認サービスを利用するのも一つの方法です。

東京電力・TEPCOスマートホームの「遠くても安心プラン」は、分電器にセンサーを取り付けておき、猛暑なのにエアコンを使っていない、深夜に炊飯器を頻繁に使っている、長時間電気の使用がないなどの異常を感知すると、家族などに連絡したり、係員が訪問したりで安否を確かめるサービスを提供しています。

セコムやALSOKなどの警備会社も安否確認サービスを行っていますし、ユニークなところでは、象印マホービンが異常を発見しやすいようにポットの使用状況を契約者にEメールで送るサービスを実施しています。

最近、話題のAIによる見守りロボットの開発も進んでいます。ロボットに搭載されたセンサーやカメラが高齢者の動きをキャッチし、データを家族などに送信する仕組みです。「食事の時間ですよ」とか「薬を飲む時間ですよ」などと声かけもしてくれる進化系のロボットも登場しているそうです。

また、**ご近所や友だちとの人間関係を密にし、「遠くの親戚より近くの他人」と近隣が互いに支え合い、助け合う、少し前の日本の暮らしのよさを見直すことも必要かもしれません。**

首都圏では現在、高齢者の4人に1人が一人暮らし。今後はさらに増えていき、20年後には一人暮らしの高齢者が44％にのぼると予測されています。「20年後なんて関係ないや」などと言ってはいられません。現在60歳なら、20年後は80歳。男女とも老後人生まっただ中の年齢です。

いたずらに一人暮らしを不安がっていても仕方ありません。問題があると感じたら、その解決に向かって、具体的に行動を始めること。現代の高齢者に求められるのは、こうした自立し能動的に生きる姿勢だと思います。

週に1日、テレビを観ない

誰もいないはずの部屋から、人の話し声が聞こえてくる。その声の主はテレビといった暮らしをしている人は少なくないのでは？　外出から帰ったら、まずテレビのスイッチを入れるという人も多いはずです。一人暮らしはやっぱりさびしいと、ついテレビをつけてしまう気持ちはわからないではありません。問題はそのまま、寝るまでつけっぱなしだったりすることです。

テレビはそれなりに面白いので、つい30分、1時間と見続けてしまいます。これが難点で、そのうちに、帰ったらすぐにやろうと思っていたことを忘れてしまい、翌朝の支度も面倒になるなど、テレビのつけっぱなしは、だらしない暮らしに一直線となりやすいのです。

以前、元NHKアナウンサーの鈴木健二さんは「テレビのスイッチは消すためにも使える」という主旨の発言をし、話題になったものです。NHKは大いに困ったでしょうが、私は心の中でこの発言に拍手を送った一人です。

もちろん、テレビは貴重な情報源です。エンターテイメント番組に心満たされることも大いにあり、一人暮らしのさびしさをまぎらわせてくれるのも、ありがたい点と言えるでしょう。

その一方で、テレビは人生でいちばん大事な時間を知らず知らずのうちに侵食してしまう〝時間泥棒〟と言いたい面があることも忘れてはいけません。

ヒマをもてあましぎみのシニアはとくにテレビ漬けになりがちで、総務省の調査でも、60代は平日に259・2分、土・日に325・1分もテレビを見ています。想像以上にテレビに時間を取られていることに驚きませんか。

そこで提案です。**週に1日か2日、ノーテレビデイを設ける**というのはいかがでしょうか。決めた日は、何があってもテレビはつけないと自分と約束し、その約束をちゃんと守るのです。

テレビを見ないと、１日はなんと時間がたっぷりあることでしょう。その日は読書をしたり、ＣＤやラジオを聴いたりして過ごしてはいかがでしょうか。ラジオは〝ながら視聴〟しやすく、大人のための番組も増えていて、テレビとは違った充実感のある時間を過ごせるメディアだと思います。

ノーテレビデイは厳しいという人は、録画機能を多用するのも一つの方法です。見たい番組は録画しておき、都合のよい時間に再生して見るのです。期待したほどでなかった場合はすぐ削除。民放の番組ならＣＭを早送りするなどして、かなり時間を節約できます。

また、何よりも録画視聴は、テレビに時間を左右されず、時間は自分のものだという自覚をよみがえらせてくれます。

ノーテレビデイで手にした静かな時間を一人で楽しめるようになると、自然に暮らしのクオリティが高まっていくはずです。

心楽しませながら、ゆっくり下山していく

最近のシニアは元気いっぱいですね。毎日何らかの用事を見つけ、どこかに出かけて行くことが大事だと言われるからか、毎日のようにバス旅行だ、スポーツだ、習い事だと忙しい人も多いようです。

それはそれで素晴らしいことですが、反面、家に引っ込んでいてはいけない、積極的に学び続け、行動し続けなければ、といった気負いも感じられます。

でも、そんなにあくせくし続けなくてもいいとは思いませんか。いくら元気でもやる気いっぱいであっても、若いときとは違います。

五木寛之さんは、テレビで「人生１００年時代を生きていくには、50代で

長い下り坂を歩く覚悟を決めることが大事だ」と語っておられました。

年齢とともに、ゆっくりとペースダウンしていくのはごく自然なことだと受け止める。スマートに年齢を重ねていくには、こうした素直さが欠かせないことではないでしょうか。

今のシニアには、「老いを受け入れる姿勢」が欠けていると思うことがしばしばあります。

どの人も総じて、かつての高齢者よりずっと若々しいのに、最近では、それをさらに超えて、「若く見られたい」「若い体力を誇りたい」という人を多く見かけるようになっているのです。

ジムに通い、筋トレに精を出したり、ジョギングやマラソンを始めたり。女性のなかにはシワ取りのためにヒアルロン酸やボトックス注射を打つ人も増えていると聞きます。シワは人生の勲章だという考え方もあるのですが。

「――大方、聞きにくく、見苦しき事、老人《おいびと》の、若き人に交わりて、興あら

んと物言ひゐたる」（『徒然草』第113段）

兼好法師もこう書いているように、昔から老いを受け入れられない人は醜いとされ、けっして尊敬はされなかったことを思い出してください。

人生のどんな段階にも意味があります。老年には老年の意味があれば、美しさもあることを心に刻みましょう。若い人では絶対にかもし出せないような魅力をたたえているのが、老いを受け入れ、スマートに年齢を重ねた人です。

頂上を極めた帰りの下山道は、尾根道《おねみち》の自然を楽しみながら、ゆっくり歩を運ぶもの。人生の下山道も、視界に入ってくるさまざまな出来事を悠然と受け止めながら、ゆっくりゆるやかに歩を進めていきたいものです。

自然と共に生きる姿勢を取り戻そう

最近は、ちょっとした俳句ブームですね。テレビ番組で、タレントがお題を元に俳句を作り、それを俳人・夏井いつきさんが劇的添削を行うという企画が大ヒットしたこともあって、俳句が身近なものになったのでしょう。「俳句を始めては？」とまでは言うつもりはありませんが、『歳時記《さいじき》』を手元に置いておくことは、ぜひ、おすすめしたいと思います。

『歳時記』には、日本の四季の移ろいを表現する美しい言葉が満載されています。ときどき開いて、そうした言葉に触れるだけでも、「ああ、自然は美しい」とか「いい国に生まれたものだ」と感慨にひたれるでしょう。

友人の奥さんが最近、車の運転に凝り始めたと聞いてびっくり。若い頃に免許は取っていたものの、何十年もハンドルに触らなかったからです。

ところがある日、あるテレビ番組を見て突然、運転を再開し、あちこちに出かけるようになったというのです。運転の再開に当たっては教習所で「リハビリ講習」を受けましたが、最近の車はオートマなので、すぐにマスターできたそうです。目的地は「あてもなくふらりと」。東京から1~2時間走ると、したたるような緑や、心まで染まってしまいそうな紅葉など、四季折々の自然が広がっています。

この奥さんを変えたのは、半澤鶴子さんのテレビ番組だったそうです。半澤さんは茶人です。70代になった頃から、ときどき茶室を離れ、茶事《ちゃじ》に必要な道具一切を積み込んで車で全国の旅に出かけるようになった彼女は、気に入った景色と出会うと車を止め、そのあたりで出会った人に呼びかけて茶事を行っています。食材もできるだけその地のもの、その季節ならではのものを使うようにしているそうです。

雑木林や河原の草群、海を見渡せる浜辺など、半澤さんの茶会はまさに所知らず。そこに毛氈《もうせん》を敷き、茶釜を置いて、調理台などは近所で借り、材料集めから調理まですべてを一人でこなし、ふと出会った人との交流と自然の美しさを楽しみながら、一期一会《いちごいちえ》の喜びを味わうのです。

茶事というと作法に縛られた堅苦しい席を思い浮かべますが、半澤さんの茶事にはそんな雰囲気はかけらもありません。

知り合いの奥さんは、「とうてい半澤さんのようにはできないけど、思いつくままに出かけ、美しい光景の中で出会った人と一時の交流を楽しむことはできるのでは」と思い立ち、ときには手作りのおはぎなどを持っていき、出会った人にすすめることもあるそうです。

自然のなかで、袖すり合うようにして出会った人との交流を思うままに楽しむなんて、なんと素敵な時間でしょう！

老後の日々は一日一日をこのうえなく大切に

「楽しみは春の桜に秋の月　夫婦仲よく三度食う飯」

これは、江戸時代の歌舞伎スター、五代目・市川團十郎作の歌。これまでの著書でも取り上げたことがありますが、なんとも楽しい暮らしぶりが詠まれています。

「春はあけぼの」と季節ごとの美しさで書き出す『枕草子《まくらのそうし》』を例にとるまでもなく、日本は四季の味わいに富んだ国。夫婦でその味わいを愛《め》でながら、仲良くご飯を食べている。これ以上のスマートな老後の姿はないのでは、とさえ思えてきます。

雛の節句、端午の節句などには、簡単でいいので、その日にふさわしい1

品を添えた食卓に向かい合うのです。一方がすでに亡い場合であっても、心のなかで〝夫婦仲良く〟暮らすことはできるはずです。

私の患者さんの一人は、３年前に奥様を見送ってから一人暮らし。子どもはなく、その分、いつまでも恋人同士のように何をするのも二人で、という仲睦まじい暮らしだったそうです。

「でも、今も、いつも一緒にいるように暮らしていますよ。あれがいないという感じがしないんですわ」

毎朝、起きるとすぐに仏壇の写真を見て「弘子、おはよう」。ご飯を食べるときも「弘子、いただきます」。出かけるときは「弘子、行ってくるからね」。もちろん、帰ってきたら「弘子、ただいま」と声をかけているというのです。

「弘子と名前を呼ぶと、そこにあれがいるような感じがするんですよ」

こういう暮らし方も「夫婦仲良く」の一つのパターンと言えるかもしれま

せん。

海外の夫婦は老齢になっても同じベッドで寝、朝起きればハグをしてチュッ。出かけるときは腕を組んだり、手をつないだりします。日本の老夫婦は「いい年をして」と言ってあまりスキンシップはありませんね。

でも、もっと触れ合って過ごすと健康にもいいし、幸せ感も高まることをご存じですか。

最近になって、人と人が触れ合ったり、人と動物が触れ合うと、オキシトシンというホルモンが分泌されることがわかってきました。オキシトシンは別名「幸福ホルモン」と言われています。幸福感を感じるほかにも、心が癒され、ストレスが緩和される。不安や恐怖心が減少する。社交的になり、人と関わりたいという気持ちが高まる。学習意欲を向上させる。心臓の機能を高めるなどの効果があります。

配偶者に先立たれたとか、シングル暮らしを通してきたというような場合

には、友だちとカラオケをするなど共感し合う時間を持ったり、おしゃべりを楽しんだり、努めて誰かと触れ合う時間を増やすようにしましょう。

哺乳類のペット、とくにイヌとの触れ合いなどでもオキシトシンの分泌を促すことができます。

終活は残される人々への心遣いの一つ

終活ツアーがかなりの人気だそうです。ツアーにより内容は異なるのでしょうが、ある日、テレビで放映していたのは、こんな内容でした。

まず、遺影の撮影。最高の表情を引き出すことで知られる写真館に行き、プロの手でヘア・メイクを仕上げて撮影します。さすがにプロですね。女優さんのように晴れやかな写真が出来上がり、かなりの満足度のようでした。

次に、葬祭場で家族葬を模擬体験。なぜか、お棺の中に入る体験までできるようで、参加者はそれぞれ棺に横たわり目を閉じるシーンもあって、ちょっと笑えてきそうでしたが、参加者はみんな大真面目。それから永代供養墓を見学。最後は海への散骨を模擬体験というものでした。

生命はすべて、誕生した瞬間から死に向かって生きていきます。

「ついにいく道とはかねて聞きしかど　昨日今日とは思はざりしを」

『伊勢物語』にある歌で、作者の在原業平が詠んだものと伝えられます。

誰でも最後には死ぬとはわかっていたが、昨日、今日と急に訪れるとは考えてもいなかった……という意味になるでしょうか。

シニアともなれば、若いときよりも死に近づいていることは否定できません。遺影用の写真の候補を選んでおいたり、万一のときに連絡してほしい人のリスト、預金通帳、印鑑など大事なものの保管場所を記したものは、わかりやすいところに入れておくか、子どもや親戚などにしっかり伝えておきたいものです。

死んだ場合の準備なんて縁起でもないという考えは、もう時代遅れです。終活は、身のまわりの整理とともに、後の世代に対するマナーと言えるのではないでしょうか。

墓じまいをするなら自分が元気なうちに

「君んとこ、墓はどうしたんだい？」

「いやあ、それで今、悩んでいる最中なんだ」

シニアの間では、お墓についての話題が急激に増えているそうです。これまでは、死後は「先祖代々の墓」に入れてもらうのが当たり前だと考えられていたので、お墓についての悩みなどなかったはずです。

しかし、最近は故郷と離れて暮らす人が増えてきて、故郷にある実家は空っぽ。少子高齢化の波をもろに受けて過疎化が進む実家をどうするかという問題とともに悩みの種となっているのが、手入れや墓参が大変になる一方の、故郷の墓をどうするかという問題です。

夫婦の故郷が離れているのに、両方の先祖代々の墓を守っていこうとすれば、夫婦別々の墓に埋葬されることにもなりかねません。さらに子どもたちは、先祖代々の墓を引き継いで守っていこうとは考えていないでしょう。遠い故郷まで墓参に来る可能性も小さいと考えたほうがいいかもしれません。

そこで最近、話題を集めているのが、夫婦で入る新しい墓を住まい近くに求め、故郷の墓は墓じまいしようという考え方です。一生、結婚をしなかったり、離婚などでシングルの人が増えているのも、墓じまいへの関心が高くなっている理由の一つでしょう。

ところが、墓じまいはかなり面倒なもののようです。墓は「永代使用権」を認められてはいるものの、売ったり譲ったりはできません。また、それまで墓に入っていた遺骨をどこに預けるか。これも厄介な問題です。

つまり、墓地の管理者や寺などから墓じまいの許可を得るのと同時進行で、改葬後の遺骨の受け入れ先を探すことも進めていかなければならないのです。

寺社墓地の場合には、墓じまいを申し込んでも住職が認めてくれないケースや、檀家を離れる離檀料を要求されることもあり、時には、これが法外と言いたくなるほど高額であったりもするようです。さらに、墓石の撤去費用もかかります。

墓じまいの経費は、対象になる墓が公営墓地なのか、寺院の墓なのかなどにより、まさしく千差万別。何百万円もかかったという例もあれば、20～30万円程度ですんだという話も聞きます。

いずれにしても、**交渉、手続き、実際の作業と、時間も手間も心労も相当にかさむ墓じまい。やるならば、少しでも早く、若いうちに始めるようにしたほうが気が楽**です。

お金をかけない、自由な葬儀に

墓じまいと並行して、「自分の葬儀や墓はどんな形のものにしようか」という検討も進めておくことをおすすめします。

最近、私が参列した葬儀は、祭壇はなく、故人が好きだった花を一面に飾ったテーブルがあり、その手前に棺が置かれただけのシンプルなもの。宗教色はいっさいなく、室内には静かにクラシック音楽が流れているだけ。後で聞いたのですが、音楽は故人がまだ元気な頃、好きな音楽を編集し、１枚のＣＤにまとめておいたものだったそうです。読経も説教もないかわりに、参列者が棺に向かって、故人の人柄や思い出を語るというものでした。

こんなふうに、自分の葬儀をあらかじめイメージしておき、音楽ＣＤなどを自ら用意しておくのもいいですね。

「せめて葬式代くらいは残しておかなければ」と口にすることがよくありますが、近年、葬儀の形が自由になるにつれて葬儀費用はかなり縮小してきているようです。

たとえば、葬儀を行わず、火葬場で簡単な式だけを行う「直葬」、通夜を行わず、葬儀だけを行う「一日葬」、参列者は家族だけという「家族葬」など、簡略した方法なら10数万円程度から見送ることができるということです。

お金をかけようと、お金をかけないで簡素に執り行おうと、故人の思いだけでなく、見送る側の家族・親族の思いにもかなう葬儀であれば、それが最高の葬儀だと言えるのではないでしょうか。

いずれにしても、「葬式代くらい……」と気に病む必要はないと思うのです。

遺骨の保管も新しい発想が生まれている

世界の人口は81億１９００万人。この膨大な数の人間が毎日、次々と死を迎え、新たな生命も次々と誕生します。それが繰り返されて連綿と続いていくのが、地球の営みです。

大切な人の遺骨を永遠に保管しておきたいという思いはわかりますが、それはかなわぬ思いであることもまた、理解できるでしょう。**そのため多くの国では、これまでの伝統的な形式から、新しい方法で遺骨の保管を考える方向に変わっているそうです。**

キリスト教では、死んだ者は復活して天国に行くという思想があることから、遺体の保存は絶対に必要。火葬は原則としてタブーでした。しかし、最近では宗教にとらわれない人の増加や墓地の不足などから、１９６３年まで火葬を禁止していたフランスさえも、今や半数近くが火葬を選ぶようになっているそうです。ドイツでは、墓の使用期間はおよそ20~30年。使用期間が終わると、また新しい死者が埋葬されることになっているとか。

スウェーデンの「スコーグスシュルコゴーデン」は、死者は森に帰っていくという考え方を生かしたお墓です。ストックホルム郊外にある墓地というより森で、湖と木々に囲まれた美しい森の中に墓が点在しており、世界遺産にも登録されています。ここも25年ほどで墓の主は森に帰り、新たな死者が眠りにつくそうです。

世界最大の人口を持つ中国では、海洋葬という、灰を海に撒く形をどんどん普及させようとしているのだとか。

墓といえば即「先祖代々の墓」を思い浮かべる日本でも、最近は新しい形がどんどん誕生しています。今、最も人気があるのは「永代供養墓」です。

あるサイトによると、現在、お墓の成約率は「永代供養墓」が65・95％、次いで海洋散骨が19・94％、樹木葬６・13％、他となっているそうです。

東京・築地本願寺には「合同墓」があります。最初から他人の骨と一緒ならば30万円程度、年間の保管料はかかりません。こうした新しい形式ならば、これまでの墓石を建てる墓より、ずっと低予算でまかなえそうです。

遺骨を自宅で保管したいという人もいるでしょう。これは法的には問題ないようです。ただし、庭に墓を造ることはできません。埋葬法で、墓は墓地にしか造れない決まりです。

さらに最近は、遺骨をペンダントにしたり、インテリア小物のようなおしゃれなデザインのミニ骨壺なども作られています。

そのうちに、遺骨は自宅や手元に保管するのが当たり前という時代になるかもしれませんね。

一日一日を思い切り楽しみたい

終活だの、墓の準備といったことは湿っぽいとお思いでしょうか。

でも、実際はまるで反対で、こうしたことを進めながら、あえて「死」を意識することにより、老後の日々がいかに貴重であるかを再認識することができます。そして、これから先の一日一日をもっと大事に、もっと楽しみながら生きていこうという思いを強く持つようになるものです。

兼好法師は『徒然草』の中で、こう言っています。

「人皆生を楽しまざるは、死を恐れざる故なり。死を恐れざるにはあらず、死の近きことを忘るるなり」

人が生を楽しまないのは、死が近いということを知らないからだ。ほどなく死んでいく身だと知れば、養生をしていきいきと生きていることをもっともっと楽しむはずだ……というような意味になるでしょうか。

何のために〝やりくり〟するかといえば、答えは一つ。「人生を最大限、楽しく生きるため」に尽きます。

『清貧の思想』など数多くの名著を残した中野孝次さんは、「人生を、定年までの人生と、それ以後の人生の二段階に分ける」という考え方を提唱されています。

そして、「定年までは社会の中で精一杯働くがいい。それをやり終えた定年後は、社会を捨てて自分一人のために生きよ。自分のしたいことだけして、したくないことはせずに、死ぬまでの人生を本来の自分になりきるために費やせ」と言っています。

「それなら、やりくりなんぞしたくはない」と思いがけない反論もあるかもしれませんが、それは通らぬ話。限られたお金を最大限、自分の好きなように使うために、多少のやりくりをするのは致し方ないのです。

しかし、世の中はうまくできているもの。やりくりをするうちに、暮らしからいらぬ贅肉が取れていき、気持ちが研ぎ澄まされてきます。そうすることにより、人生は深く、静かに成熟に向かっていくのではないでしょうか。

それにしても、老後の日々はなんと早く過ぎてしまうのでしょう。

益軒は、**「老後は、月日が若いときの十倍速く過ぎていく。だから、常に時、日を惜しんで、心静かに、従容として残りの日を楽しんでいこう」**という主旨の一文を残しています。

「この間、正月を迎えたと思ったのに、もう秋の暮れだ。なんと早いことだろう」は、シニアなら誰でも感じていることだと思います。

よけいなこと、嫌なことをしている暇などないのです。

こうした人生のムダをどんどん省いて、老後の日々を一日一日、心楽しく暮らしていきましょう。

参考資料

『北欧流・愉しい倹約生活』ヨーナス・ブランキング／中島早苗（翻訳）　ＰＨＰ研究所
『清貧の思想』中野孝次　草思社
『老いの矜持　潔く美しく生きる』中野孝次　青春出版社
『老年を幸福に生きる』中野孝次　青春出版社
『快適シンプルライフ』阿部絢子　旬報社
『おふたり様のシンプルライフ』村上祥子　ＰＨＰ研究所
『兼好さんの遺言』清川妙　小学館
『60歳を過ぎると、人生はどんどんおもしろくなります。』若宮正子　新潮社

保坂 隆

Takashi HOSAKA

保坂サイコオンコロジー・クリニック院長。1952年山梨県生まれ。慶應義塾大学医学部卒業後、同大学医学部精神神経科入局。米国カリフォルニア大学へ留学。東海大学医学部教授（精神医学）、聖路加国際病院リエゾンセンター長（聖路加国際大学臨床教授を兼職）などを経て現職。

著書に『精神科医が教える　心が軽くなる「老後の整理術」』『精神科医が教える　お金をかけない「老後の楽しみ方」』（PHP研究所）、『60歳からの人生を楽しむ孤独力』『50歳からのお金がなくても平気な老後術』（大和書房）、『頭がいい人、悪い人の老後習慣』（朝日新聞出版）、『ずぼら老後の知恵袋』（きずな出版）など多数。

※本書は、『老後資金の「ちょこっとスマート」やりくり術』（海竜社刊）を改題、再構成したものです。

精神科医が教える
ずぼら老後のお金のやりくり術

2024年12月13日　第1刷発行

著　者　保坂　隆

発行者　櫻井秀勲
発行所　きずな出版
東京都新宿区白銀町1-13　〒162-0816
電話 03-3260-0391
振替 00160-2-633551
https://www.kizuna-pub.jp/

ブックデザイン　川島 進
印刷・製本　モリモト印刷

ISBN978-4-86663-256-8

きずな出版

精神科医が教える
ずぼら老後の知恵袋
保坂 隆

シニアになってからの人間関係は、お互いに深入りしすぎず、つかず離れずがちょうどいい。無理なく、無駄なく、頑張らない、「ちょこっとずぼら」で、ストレスなしの「のんびり暮らし」楽しみましょう！

定価 本体1400円＋税

しなやかな心
70の習慣
保坂 隆

あなたは変われます――。「本棚の入れ替え」「夢ノートに書く」「目指す人のマネ」など。ちょっとした習慣で新しい自分になることができます。人間関係の悩みもスッキリ！ 精神科医が教える習慣術。

定価 本体1400円＋税

きずな出版
https://www.kizuna-pub.jp